第四屆《安徽古籍叢書》編審委員會

主任委員

黄德寬

副主任委員

諸偉奇　丁　放　彭君華

委員（按姓氏筆畫順序）

卞　利　方錫球　牛繼清　王啓才
吴先伍　施立業　胡傳志　紀健生
陳　林　張玉才　曹小雲　曹天生
程德和　楊　軍　楊應芹　趙國華
鲍　恒　樊嘉禄

安徽古籍叢書萃編

老子注譯

孫以楷　楊應芹　注譯

黃山書社

图书在版编目(CIP)数据

老子注译/ 孙以楷 杨应芹注译. —合肥：黄山书社, 2014.1
(安徽古籍丛书萃编)
ISBN 978-7-5461-4287-6

Ⅰ.①老… Ⅱ.①孙… ②杨… Ⅲ.①道家 ②《道德经》-注释 ③《道德经》-译文 Ⅳ.①B223.1

中国版本图书馆 CIP 数据核字(2014)第 006161 号

老子注译

出 版 人　任耕耘
策　　划　任耕耘 赵国华 汤吟菲
执行策划　汤吟菲 徐娟娟
责任编辑　任耕耘 徐娟娟 张元婷

装帧设计　未　氓
责任印制　戚　帅

出版发行　时代出版传媒股份有限公司(http://www.pressmart.com)
　　　　　黄山书社(http://www.hsbook.cn)
　　　　　官方直营书店(http://hsssbook.taobao.com)
　　　　　营销部电话:0551-63533762 63533768
　　　　　(合肥市政务文化新区翡翠路 1118 号出版传媒广场 7 层　邮编:230071)
经　　销　新华书店
印　　制　安徽联众印刷有限公司

开本　880×1230　1/32　　印张　6.5　　字数　110 千字
版次　2014 年 9 月第 1 版　　2014 年 9 月第 1 次印刷
书号　978-7-5461-4287-6　　定价　70.00 元

序

黄德寬

值此《安徽古籍叢書萃編》編輯出版之際，欣逢新時期安徽古籍整理出版工作步入而立之年！三十年來安徽的古籍整理出版工作，很值得認真地進行一番回顧總結。

一九八一年，中共中央發布《關於整理我國古籍的指示》，成立了以李一氓同志爲組長的國家古籍整理出版規劃領導小組，正式拉開了新時期古籍整理出版工作的序幕。一九八四年，中共安徽省委決定建立安徽省古籍整理出版領導小組，由時任省人大常委會副主任魏心一同志挂帥，聯合了省新聞出版局等政府部門和安徽大學等高等院校、研究單位，正式啓動安徽省古籍整理出版工作。同年，安徽專業古籍出版單位黄山書社也宣告成立。安徽古籍整理出版工作由此翻開了嶄新的一頁。

三十年間，安徽省古籍整理出版工作堅持初衷，克服困難，在政府部門的支持和社會賢達的關心下，經過學者們的艱辛努力，取得了豐碩成果，其最有代表性的成果就是《安徽古籍叢書》的編纂出版。

《安徽古籍叢書》凝結了當代安徽傳統文化研究領域衆多學者與專家的心血和汗水。以吴孟復先生爲代表，組成《安徽古籍叢書》第一届編審委員會，賡續安徽先哲編刊地方叢書盛業，梳理文獻綫索，擬訂叢書子目，擘劃編纂體例。遵循嚴格的學術規範，《安徽古籍叢書》自一九八九年三月刊出第一種——《舊聞隨筆》，截至二〇一三年底，連同修訂再版，出版已突破百種，成爲我國當代古籍整理一個有影響力的品牌。

收入《安徽古籍叢書》的各類古籍，既有朱熹、戴震、俞正燮、凌廷堪、程瑶田、黄生、包世臣、楊仁山、吴汝綸等學術巨擘的著作，也有張孝祥、錢澄之、方苞、方文、施愚山、姚鼐、吴敬梓等文學名家的作品；此外，包拯、朱升、朱元璋、阮大鋮、姚瑩、方孝標、劉銘傳等皖籍著名歷史人物的著述也盡在其中。正是因爲歷代賢哲創造的精神財富，使得《安徽古籍叢書》一經出版即蜚聲海内外，産生了廣泛的社會影響。李一氓同志曾經撰文，欣喜地表示：

『現在有一個好現象，安徽要編印新的《安徽叢書》。』當代著名學者金克木、胡道静、張岱年、程千帆等先生稱道『這是安徽文化事業的一項盛舉』。法國漢學家戴廷傑也對《安徽古籍叢書》堅持嚴格的學術規範稱賞不已。

《安徽古籍叢書》的順利編輯出版，還因爲改革開放帶來的時代機遇。改革開放三十多年來，我國經濟文化繁榮昌盛，使得《安徽古籍叢書》能够得到有關方面的財力支持。上個世紀八十年代，《安徽古籍叢書》編纂在發軔之時，就不斷有項目入選國家古籍整理出版規劃，得到國家各方面的有力支持。最新公布的《二〇一一—二〇二〇年國家古籍整理出版規劃》中，包括《方以智全書》在内的新列《安徽古籍叢書》項目品種就多達四十八種。安徽古籍的整理編纂工作，正是在改革開放的大背景下，在全國古籍整理出版工作的大格局中，取得了突出的成就并展現着美好的未來。

《安徽古籍叢書》的編纂出版，安徽大學『省古籍整理出版辦公室』發揮了重要作用。古籍辦的同志們長期堅守在古籍整理出版崗位，甘於清苦，默默奉獻，辛勤耕耘，爲《安徽古籍叢書》的編纂和安徽古籍整理出版工作做出了突出的貢獻。二〇一〇年，在『全國專業古籍出版社社長年會暨全國優秀古籍圖書評獎會』上，時任國家新聞出版總署副署長鄔書林同志作題爲《無愧歷史 珍惜時代 出好精品》的講話，指出：『安徽是堅持地方古籍整理工作最好的省份。不少地方古籍辦幾乎都撤了，或名存實亡，安徽則堅持不輟，并做了大量工作。』

黨的『十八大』從戰略層面提出扎實推進社會主義文化强國建設，豐富人民精神文化生活，『建設優秀傳統文化傳承體系，弘揚中華優秀傳統文化』。《安徽古籍叢書》立足鄉邦文獻的整理編纂，因應了國家文化建設的宏偉規劃，是文化强省乃至文化强國建設事業的題中應有之義。這項事業遠非一兩代人所能完成，正如一九八一年中央三十七號文件所指出的，『整理古籍是一件大事，得搞上百年』。

《安徽古籍叢書》煌煌巨制，結構開放，歷時久遠。回顧過去，出版較早的圖書有些已經絶版；叢書版式、裝幀也屢經變更。爲適應集中展示、收藏和研究的需要，對已經出版的《安徽古籍叢書》進行階段性的集中梳理，適當遴選，統一版式，影印出版本套叢書是十分必要的。

作爲首套《安徽古籍叢書》選編本，我們希望通過這套書的出版發行，能使更多的讀者瞭解、認識和利用好《安徽古籍叢書》，有更多的皖籍、非皖籍專家學者參與到安徽地方歷史文獻的研究整理工作中來，讓《安徽古籍叢書》在未來不斷發展壯大。這是我們在新時期安徽古籍整理出版事業三十年之際的殷殷屬望！

二〇一四年六月

凡例

一、本編從二〇一〇年（包括二〇一〇年）以前出版的《安徽古籍叢書》中選取文獻資料價值大、校點整理質量上乘、學界仍有需求的圖書進行重印。

二、二〇一〇年以後出版者因市場上新書尚多，此次不復列入。早期所版《文學研究法》《舊聞隨筆》《桐城文學淵源考・撰述考》《桐城耆舊傳》《爾雅翼》等雖均爲叢書的中堅，因已有修訂新版，此次亦不復列入。《安徽古籍叢書附輯》整體不予列入。

三、所選圖書按初版時間先後順序編排。

四、采用原版掃描影印，不重新録排，儘量保存原書面貌。原書頁眉中的明顯編輯錯誤，逕改不出校；《竇山公家議校注》《康輶紀行　東槎紀略》兩種原書無頁眉，現統一補加。

五、重新設計製作封面，統一規格、工藝。一律采用大三十二開本，精裝。《説文假借義證》一書原版爲十六開，一個頁面放兩個中國頁，此次按統一開本重新排版，一個頁面放半個中國頁。

并新附《説文假借義證索引》於該書書末，以方便讀者檢索。《毛詩後箋》《吴汝綸全集》《田間詩學》《説文假借義證》等原書規模較大，爲方便讀者閲讀，現重新分册。另，《竇山公家議校注》保留原書西式裝訂方式。

六、收録叢書文獻由於各種原因，還存在這樣那樣的不足，請讀者批評指正。

第四届《安徽古籍叢書》編審委員會

二〇一四年六月

孙以楷　杨应芹　注译

老子注译

黄山书社

安徽省古籍整理出版规划委员会

顾　　问　丁继哲　杜维佑　李广涛　张立一　郑　锐　郑淮舟　胡　坦　胡云龙　侯　永
　　　　　崔剑晓　傅大章　潘锷镩

主　　任　魏心一

副 主 任　张　平　陶有法

委　　员　刘学锴　李长华　余焰炉　陈贤忠　周心田　贾文昭　黄德宽　韩酉山　黎　洪

安徽省古籍整理出版基金会

理 事 长　崔剑晓

副理事长　丁继哲　杜维佑　陈基余　胡　坦　潘锷镩

秘 书 长　汪慎琳

常务理事　王惠鹏　卞兆龙　田照临　朱邦福　孙伯耀　吴存心　吴孝雨　汪石满　张其果
　　　　　张振明　季昌清　郑英保　郑贤明　纽　涟　钱　进　陶显斌　潘培咸　穆建科

安徽古籍丛书编审委员会

学术顾问　吴小如　吴作人　周一良　周绍良　金克木　胡道静　常任侠　蒋元卿　舒　芜

主任委员　吴孟复

副主任委员　刘永年　祖保泉　施培毅　贾文昭

委　　员　朱一清　朱世力　任弘毅　刘学锴　孙文光　纪健生　杨应芹　汪福润　沙宗复
　　　　　夏秀流　徐凌云　诸伟奇　梁垣祥　傅玉璋

按姓氏笔划排列

安徽古籍丛书编印缘起

我国历史悠久，典籍丰富。我省地处南北之交，学术尤擅其盛。数千年来，哲学、史学、文学、艺术、语言、科技，作者辈出，著述如林，或自名一家，或蔚然成派，多为中华民族文化之菁华，有裨于社会主义文化之建设。允宜及时整理，以广流传。

粤自明清，以至近世，南北郡邑已有《泾川丛书》、《龙眠丛书》、《贵池先哲遗书》、《南陵丛书》诸刻。一九三二年，复有《安徽丛书》编刊，所收皆皖人著作，分期影印。出至第六期，以抗战军兴而中止。盛业未竟，论者惜之。

今者，中央倡导整理古籍，我省领导对此尤为关心，省古籍整理出版规划委员会几经商讨，决定编纂《安徽古籍丛书》。编纂宗旨是在历史唯物主义指导下，批判继承，古为今用，弘扬民族优秀传统文化，为建设有中国特色的社会主义服务。最其体例，约有数端：一、所收皆为历代皖人著作，时间一般以「五四」之前为限。根据内容，分类成辑。注意稀本、稀见本之搜辑与传布。二、整理方式包括辑、校、标点和注释、今译。校勘，力求采用善本为底本，校以他书，或加补辑，编次。标点，采用新式标点。注释，务求精确，但不作烦琐考证。整理中，尽量吸收国内外研究的新成果。三、先秦、两汉著作及文字、训诂之书，多用繁体字；其余则多用简体字。版皆竖排，以期一律。四、凡热心于丛书编印及捐资助刊者，得于书内题名。

安徽古籍丛书编审委员会

吴興趙孟頫書并畫

周苦縣李聃像

採自明刻三才圖繪

老子注译目次

前言

在中华民族数千年的文明史上，贤哲辈出，著述如林，典籍浩瀚。在诸多名震史册的先哲中，先秦的大思想家、哲学家当首推老子；他的《道德经》享誉中外，备受推崇。

老子是有极大智慧、无与伦比的一代哲人，他识穷宇宙，道贯天人，启华夏之绝学，立万世之道范，声望与黄帝齐同。孔丘问礼，而兴犹龙之叹；关尹请益，遂传五千至言；庄子治道，赞为「古之博大真人」。其不朽著作《道德经》，文约辞要，博大精深，哲理宏富，意境高妙，堪称「哲理诗」和「万经之王」，高踞于世界哲学之林，为人类文化的瑰宝。这部道家学派的最高经典，价值无穷，泽惠环宇。它对我国历代的哲学、政治、经济、文学、军事、医学等诸多领域产生了深刻而又巨大的影响，与孔子的儒家思想互为补充，构成我国传统文化的主体，奠定了中国思想文化的历史基础。而且它还突破了民族和国家的界限，引起了全球性的广泛关注和重视，早在半个世纪以前，相继翻译成外文出版的《道德经》就有六七十种之多。当今，随着历史的发展和科学的进步，《道德经》越来越显示出其广泛的适应性，也越来越使人领略到它的重要价值。无怪乎德国著名哲学家尼采盛赞《道德经》：「象一个永不枯竭的井泉，满载宝藏，放下汲桶，垂手可得。」不少诺贝尔奖获得者，也把自己的科学发现归功于受老子及其他东方哲人的启迪。

《道德经》全书共八十一章，五千余字，分上下两篇，上为《道篇》三十七章，下为《德篇》四十四章。虽历来对《道德经》篇位的排列、章节的划分、文字的断句存有疑义，尤其是湖北荆门竹简的出土，疑之更甚。然而，试观目前的通行本，章节衔接紧凑，上下语句贯通，内容脉络分明，气势绵延不辍，对领略老子思想的精髓并无大碍。「道」是全书的中心概念和最高哲学范畴。全书围绕「道」这一核心，对宇宙之起源、世界的存在方式、事物运动和发展的普遍规律，以及人类社会的种种矛盾和解决方式等重大问题，都作了大量的精辟的概括和论述。本书的重要贡献，不仅在于它首次揭示了「道」是宇宙万物的本体和总根源，「道」生化万物，提出「道生一，一生二，二生三，三生万物」和「人法地，地法天，天法道」的观点，是万物的自然法则，开创了中国哲学的本体论。还在于它包含着丰富的辩证法思想，是我国第一部系统揭示事物相反相成、依存和转化的辩证法的著作。从「有无相生，难易相成」到刚柔、强弱、祸福、大小、进退的对立统一，充分表达了人类认识的深化。对于人与自然、人与社会、人与自身的关系，以及在个体生命价值的自我完善上，本书亦不乏独到见解和行之有效的主张。因此，可以说《道德经》是中国思想文化的智慧之根和重要一帜。

任何民族都有自己的独特文化，而文化一开始总是有地域性的。淮河涡河流域就是道家文化的摇篮，它哺育了老子、庄子、环渊、詹何、刘安、嵇康、陈抟等众多道家文化代表人物。但老子究竟出生在这一地域何处呢？以往对此研究，由于史料简稀，记载不详，且相互矛盾之处较多，以致聚讼纷纭，众说不一，难以定论，成了千古之谜。一九九〇年以来，有关专家和学者在前人研究的基础上，查阅了大批典籍方志，反复比较，仔细推求，去伪存真，复经实地考察，并通过考古发掘，取得实物证据，终于打开了历史的尘封，确认老子是宋国相人，出生在现今涡阳县闸北镇太清宫的流星园址。此址古属豫州，春秋时曰相，介于宋、陈两国接壤处，后为楚国兼并。东汉时，相县虚荒，沿涡西迁设立新县，此地则称苦县故城，属沛郡。隋唐以来，两地均入亳州辖地。清同治三年（一八六四年）置涡阳县时，从亳州析地十三保为属地，太清宫随之划归涡阳。太清宫在亳州之东一百二十里的涡河北岸，距武家河入涡处两里。其地理位置与众多史料记载的老子故里相符。太清宫始建于东汉延熹八年，盖因老子降于殿廷，乃颁旨在老子故里建庙祭祀，初称老子庙，由陈相边韶奉旨撰写老子铭碑。碑文云：「老子楚相县人也，相县虚荒，今属苦，故城犹在，在赖乡之东，涡水处其阳。」不仅肯定老子是相人，而且确指其故里在涡水之北。曹魏黄初三年

《修老子庙诏》也称「涡水北有老子庙」。《水经注》又载：「涡水又东南屈，迳苦县故城南……涡水又东北屈至赖乡西，谷水注之……谷水自此东入涡水，涡水又北，迳老子庙东。」既确载老子故里在涡河北岸，又指明它在谷水入涡处。涡阳太清宫的地理方位与上述记载完全一致。其他据称是老子故里的地方，在涡水之南，明显与史料记载相左。不仅如此，《大明一统志》、《大明中都志》、《大清一统志》及多版《亳州志》、《涡阳县志》均明确记载：「天静宫（元代改称）在亳县东一百二十里。老子所生之地，后人建宫以尊奉之。元至顺三年重建，张起岩撰碑。」「流星园在亳县天静宫南。碑云：有星突流于园，老子因而降诞，即此。原有圣母殿，遗址尚存。」足见太清宫为老子生地，是群书一致，众口攸同的。何况西晋司马彪《后汉书·郡国志》、东晋伏滔《北征记》、南朝刘义庆《幽明录》、北魏郦道元《水经注》、唐李泰《括地志》及清代诸多史籍中，均记载老子庙中有九井，九井相通。故九井已成为老子故里的明显标志。一九九〇年以来，九井在涡阳太清宫流星园内相继出土。其中一眼为春秋时期红褐两色夹砂陶制作的大块筒瓦套制而成的瓦圈井，共十四圈，深五米四。其余八眼，为汉代和宋代修复。九井的出土，对涡阳太清宫老子出生地的问题，又有了一个肯定的答案。近几年来，涡阳还先后收集元代以来敕建和敕修碑记二十余块，其中包括元至顺三年张起岩所撰《天静宫兴造碑》，碑文明确记载「天静宫老君所生之地也」

和「世传老子在妊，有星突流于园，既而降诞，则天静之基旧矣」等语，另有「古流星园」石匾额一块、「混元降（诞）」、「敕撰」等石碑残片；通过大面积发掘，出土汉代、唐代老君殿残基几段和较为完整的宋代大殿殿基，并有「祥符元宝」铜钱垫基，与史料记载的修筑年代完全一致。同时出土汉以来各代建筑构件千件，证实此地自汉代便有大规模道教建筑，而且与老子密切相关。在太清宫的西北角，还发现一处新石器时期古遗址。它面临武家河（古谷水），面积约一万平方米。地面散见大汶口、龙山文化及周至汉晋遗物，数量甚多，俯首可拾。这些丰富历史遗存，足以说明太清宫一带历史悠久，早在五千年前即有人类在这里劳动、生息、繁衍，并创造了灿烂的古代文化，时至春秋，这里已相当繁荣。正是这片文明的沃壤，孕育了一代哲人——老子。

老子的生平事迹，史书记载不多，详情难述。司马迁只写了一个合传，即《史记·老子韩非列传》，其中关于老子的记述不足五百字，语焉不详。此外，在《左传》、《礼记》、《孔子世家》、《庄子》、《列子》、《韩非子》和《吕氏春秋》中，尚有片断和点滴记述。综合起来，其生平概况如下：老子早年在周王室任图书管理员，潜心研究各类经典，成为一名精通周代礼仪与制度的学者。春秋末年，周室衰微，诸侯争霸，内乱迭起。甘简公执政后，老子被免去史官之职，出游鲁国。在鲁期间，孔子曾从老子「助葬于巷党」。甘平公登基后，老子被召回守藏室。几年后，孔子适周，再次向老子问礼。老子的教诲给孔子留下了深刻的印象。鲁昭公二十六年，周王室内乱再起，王子朝携大批典籍逃奔楚国。老子蒙受失职之责，再次被免去守藏室史之职，回到阔别三十余年的宋国相县，即今之涡阳太清宫址。在乡邻中，在劳动生活的最底层，老子深切了解到人民的困苦，思想发生了深刻变化，开始与周室决裂。此时，孔子带着子路等弟子来相县见老子。要求老子荐其欲藏于周王室的书册，老子断然拒绝。两人为大道与仁义发生了争议，各执己见，分歧较大。自此，老子开始进一步探索新的治世方法，再进而探索宇宙本源，逐步形成了道法自然，以无为本，有无统一的世界观。十年后，孔子再次来访，此即《庄子》记载的孔子、阳子朱南之沛见老聃。老子向孔子系统地阐述了天地万物生成变化之根本大道的宏论。孔子深受震撼。弟子问其对老子的评论，孔子极为敬佩地说：「鸟，我知道它们善飞；鱼，我知道它们善游；兽，我知道它们善奔。对善奔的野兽，可用网缚捉；对善游的鱼，可用钩钓取；对善飞的鸟，可用箭射获。关于龙，我不知它是如何上九天的。老子所讲的道，就象是龙，合起来成一体，散开来成文彩，乘驾云气而翱翔于阴阳之间。我看老子就像一条飞龙！」在返鲁途中，孔子对颜渊说：「我三十岁时领悟到周礼的精髓，以仁礼为立身之本，这可叫作三十而立；四十岁时，我访问老子，坚持仁义之说，不受老子无为之说的迷惑，这可叫作四十而不惑；但我对天道的认识一直未入门，今年我五十一岁了，从老子处得悟天道，这可以叫做五十而知天命。尽管人生短暂，但天既生我，我们就应当修身立业，仁义是救世之方，须臾不可舍弃的，这是我与老子始终不同之处。但行仁义，亦需懂天道。老子说：「君子得其时则驾，不得其时则蓬累而行」，不入世奔走，焉知不得其时？用之则行，舍之则藏，你我今后共勉之！」孔子离去后，诸侯争战更频繁，老子完全失望了，便西去秦国。至函谷关时，为关尹挽留。经关尹再三劝说，花费几个月的时间，老子对自己的道学观点进行总结，写出了五千言《道德经》。这部《道德经》由关尹保留，传诸后代，至庄子时，《道德经》的观点方才得到流传。老子去关入秦后，隐居于扶风一带，老死后葬于槐里，其墓尚在。

总之，老子不愧为一位伟大的智者；其书则为人类哲学之宝典。炎黄子孙应该很好地继承它、研究它、弘扬它，努力开创道家文化的新世纪，促进「两个文明」建设。

本前言由涡阳老子学会集体撰写，刘光蓉执笔。

《老子注译》的道德经原文，以四部丛刊河上公本为底本整理，主校以马王堆汉墓帛书，并适当地吸收了前人的研究成果。今译力求通达，在原文涵义之外的词句，外用六角号〔 〕作标志。

老子道经

第一章

道可道，非常道〔一〕；名可名，非常名〔二〕。无，名天地之始；有，名万物之母。故常无，欲以观其妙；常有，欲以观其徼〔三〕。此两者，同出而异名，同谓之玄〔四〕。玄之又玄，众妙之门。

【校记】

〔一〕常　帛书作「恒」。本书下同。第一个「道」，指客观的物质世界及其发展变化的规律。可道，可以表述、言道。常道，永恒的世界及其规律。

〔二〕第一个「名」，相对于第一个「道」而言，即主观认识物质世界及其规律而形成的概念。

可名，可命名称述。常名，关于认识物质世界及其规律而形成的永恒不变的概念。

〔三〕 曒(jiǎo) 原本作「徼」，据敦煌本改。曒，同「皦」，明亮的意思。

〔四〕 玄 玄妙，深远。

【今译】

道可以〔被认识〕由人们述说，「人们认识中的并加以述说的道」不是客观永恒的道；名可以由人们表述，这个名不是永恒的名。无，用以称谓天地之初始；有，用以称谓万物之本根。

要常常地把握无，以观察天地初始之奥妙；要常常地把握有，以观察万物本根之端倪。无和有两者，同出一源只不过称谓不同，同样可以说是含义深远微妙。从深远微妙推向〔无限的〕深远微妙，那就是一切玄妙的总汇。

第二章

天下皆知美之为美，斯恶已〔一〕；皆知善之为善，斯不善已。故有无相生，难易相成，长短相形〔二〕，高下相盈〔三〕，音声相和〔四〕，前后相随。

是以圣人处无为之事〔五〕，行不言之教〔六〕；万物作焉而不辞〔七〕，生而不有，为而不恃，功成而弗居。夫唯弗居，是以不去。

【校注】

〔一〕恶　丑。

〔二〕相形　相互比较对照而各有所体现。

〔三〕盈　原本作「倾」，据帛书改。　相盈，相互包含。

〔四〕音声　丝竹的音响和人的歌声。

〔五〕无为　谓顺应自然而不妄作。

〔六〕不言　不要发号施令。意谓用德政感化百姓。

〔七〕辞　敦煌本作「始」。

【今译】

天下人都知道美之所以为美，这同时也就有了丑的观念；天下人都知道善之所以为善，这同时也就有了恶的观念。

所以，有与无（既对立又）相互产生，难和易（即对立又）相互成就，长和短（既对立又）相互包含，音和声（既对立又）相互和谐，前和后（既对立又）相互随从。

所以圣人以「无为」的态度处事，实行「不言」的教化，任凭万物生长而不去倡导，生养万物而不据为己有，为万物尽力而不自恃己劳，大功告成而不自居。正因为他不居功，所以也不会失去。

第三章

不尚贤〔一〕：使民不争；不贵难得之货，使民不为盗；不见可欲〔二〕，使心不乱。

是以圣人治，虚其心〔三〕，实其腹，弱其志，强其骨。常使民无知无欲，使夫知者不敢为也。为无为，则无不治。

【校注】

〔一〕尚贤　崇尚贤能的人。

〔二〕可欲　指迷人的音乐和美色。

〔三〕虚其心　谓清净民心，使无所思欲。

【今译】

不崇尚贤能，使人民不争名利；不贵重难得的财货，使人不至去作盗贼；不展现会引起人们贪欲的事物，使民心不被惑乱。

所以，圣人之治理百姓，虚净他们的心灵，满足他们的饱腹之需求，削弱他们的私志，强健他们的筋骨，常常使民众无〔巧伪之〕心智，无〔争名夺利之〕欲望，使〔自以为〕聪明的人不敢妄为。行无为之道，就没有治理不好的。

第四章

道冲〔一〕，而用之或不盈。渊乎似万物之宗，挫其锐，解其纷，和其光，同其尘，湛兮似若存〔二〕。吾不知谁之子，象帝之先。

【校注】

〔一〕冲 《说文》引作「盅」，指空的器皿。

〔二〕湛 深沉，隐约。

【今译】

道虚空无形，然而它的作用却是无穷尽的。它是那样的渊深啊，好像是万物的宗主，挫去万物的锋芒，化解万物的纠纷，使万物敛和光耀，混蒙于同一尘埃。〔道〕是那样幽隐无形啊，而又似乎存在。我不知道它是谁的儿子，似乎存在于天帝之先。

第五章

天地不仁，以万物为刍狗〔一〕；圣人不仁，以百姓为刍狗。

天地之间，其犹橐籥乎〔二〕？虚而不屈〔三〕，动而愈出。

多言数穷〔四〕，不如守中。

【校注】

〔一〕刍狗　草扎的狗，用于祭祀。

〔二〕橐籥(tuó yuè)　即风箱，用于鼓风助火。

〔三〕屈　竭。

〔四〕数　通「速」。

【今译】

天地无所谓仁爱，任凭万物象刍狗一样自生自灭。圣人无所谓仁爱，任凭百姓象刍狗一样生死存亡。

天地之间，岂不如同风箱吗？〔它〕虽空虚然而不会穷竭，愈是推动就愈是出风不绝。

炫耀博闻会更快陷入困穷，不如守持内心虚静。

第六章

谷神不死〔一〕，是谓玄牝〔二〕。玄牝之门，是谓天地根。绵绵若存，用之不勤〔三〕。

【校注】

〔一〕谷神　指空虚无形、变化无穷而又永恒不灭的「道」。谷，空谷。神，一种无形无踪变化莫测之物。

〔二〕玄牝　玄妙的母性，指孳生万物的本源。

〔三〕勤　「尽」的假借字。

【今译】

道的变化永不停息，这叫做玄牝。玄牝之门径，就叫做天地万物之根。〔它〕绵绵不绝，好像永恒存在，它的作用是无穷尽的。

第七章

天长地久。天地所以能长且久者，以其不自生〔一〕，故能长生。是以圣人后其身而身先〔二〕，外其身而身存〔三〕非以其无私邪？故能成其私。

【校注】

〔一〕不自生　不是为了自身的生存。

〔二〕后其身而身先　意谓远离名利反而能得到名利。

〔三〕外其身而身存　意谓遇到险难，把自身生死置之度外，反而能化险为夷，安然无恙。

【今译】

天长地久。天地之所以能长久，是因为它不是为自己而生存的，所以能够长久生存。

第八章

上善若水〔一〕。水善利万物而不争，处众人之所恶，故几于道〔二〕。

居善地〔三〕，心善渊〔四〕，与善仁〔五〕，言善信，正善治〔六〕，事善能，动善时。

夫唯不争，故无尤〔七〕。

【校注】

〔一〕上善：至善，最善良的品性。

〔二〕几：近。

因此圣人〔对待名利〕总是把自己置于别人之后，反而可以居先；〔遇危难〕总是置生死于度外，反而可以安全存在。不正是因为他的无私吗？所以能够成就他自己。

〔三〕居善地　谓人的居处应象水一样善于趋下谦让。

〔四〕心善渊　谓人的心境应象深渊那样沉静。

〔五〕与　人的交往。

〔六〕正　通「政」。

〔七〕尤　过错。

【今译】

最善良的品性如同水一样。水乐于给万物以利益而不与它们相争，〔水〕处于众人所厌恶的位置，所以〔水的本性〕最近于大道。

居处善于〔象水一样〕随地趋下，心胸善于象渊水那样〔深沉平静〕，交友善于〔象水一样〕仁慈，说话善于〔象水一样〕讲信用，为政善于治理，办事善于任用贤能，行动善于把握时机。

〔圣人〕正因为不争，所以无怨咎。

第九章

持而盈之〔一〕，不如其已。
揣而锐之〔二〕，不可长保。
金玉满堂，莫之能守。
富贵而骄，自遗其咎。
功成名遂身退，天之道。

【校注】

〔一〕持而盈之　谓占有太多。

〔二〕揣　锤击。

【今译】

把持得满满的，不如适可而止。

锤尖了又从而磨得锋利，不可能长久保持。

金玉满堂，无法守藏。

富贵而骄，自取灾殃。

功业成就，声名遂愿，身退不争，符合自然规律。

第十章

载营魄抱一〔一〕，能无离？

传气致柔〔二〕，能婴儿？

涤除玄览〔三〕，能无疵？

爱民治国，能无知？

天门开阖〔四〕，能无雌？
明白四达，能无为〔五〕？
生之畜之，生而不有，为而不恃，长而不宰，是谓玄德。

【校注】

〔一〕载　发语词。营魄，魂魄。抱一，合一。
〔二〕抟气（tuán－）　抟，原本作「专」，据帛书改。抟气，集聚气。
〔三〕玄览　指人的内心世界。
〔四〕天门　指人的耳目口鼻。
〔五〕为　原本作「知」，据敦煌本改。

【今译】

魂魄合一以守身，能不分离吗？
聚结精气以致柔和，能像婴儿一样吗？

洗净玄妙的心境，能没有一个瑕疵吗？
爱民治国，能做到自然不用心机吗？
天门开合〔以接触外界〕，能够以雌性姿态〔柔静〕对待吗？
内心明白四方通达，能没有作为吗？
〔道〕生长万物、畜养万物，生长了而不占有，为万物尽力而不自恃有功，统率万物而不主宰它们，这些就叫做内在的深厚的品德。

第十一章

三十辐〔一〕，共一毂〔二〕，当其无，有车之用。
埏埴以为器〔三〕，当其无，有器之用。
凿户牖以为室〔四〕，当其无，有室之用。
故有之以为利，无之以为用。

【校注】

〔一〕辐　车辐，即车轮上连车毂与车辋（即车轮外圈）的木条。

〔二〕毂(gū)　车毂，即车轮的中心部分，中间是空的，用以插车轴，外围插辐，与车辋相连。

〔三〕埏埴(shān zhí)　和泥土制作器皿。埏，以水和土。埴，指陶土。

〔四〕户牖(yǒu)　门窗。

【今译】

三十根辐条汇集到一个车毂上，正当车毂中间空无的地方，有车的作用。

抟揉粘土做成器皿，正当器皿中间空无的地方，有器皿的作用。

开凿门窗做为居室，正当门窗及室内空无的地方，有居室的作用。

所以，「有」〔固然〕提供了便利条件，〔只有〕「无」才发挥了它们的作用。

第十二章

五色令人目盲〔一〕，五音令人耳聋，五味令人口爽〔二〕，驰骋田猎令人心发狂，难得之货令人行妨〔三〕。

是以圣人为腹不为目，故去彼取此。

【校注】

〔一〕目盲　指眼花缭乱。

〔二〕口爽　口病。爽，差失。

〔三〕行妨　行为失措，指做错事。

【今译】

五颜六色使人眼花如盲，五音〔铿锵〕使人耳迷如聋，五味悦口使人口味败，驰骋打猎使人心浮发狂，珍稀难得的货物使人行为失常。

因此圣人只为肚腹滋养而不求〔声色〕炫目，所以弃去后者〔嗜华物欲〕而取前者〔生存所需〕。

第十三章

宠辱若惊，贵大患若身〔一〕。

何谓宠辱若惊〔二〕？宠为上〔三〕，辱为下，得之若惊，失之若惊，是谓宠辱若惊。

何谓贵大患若身？吾所以有大患者，为吾有身，及吾无身，吾有何患？

故贵以身为天下者，则可寄于天下；爱以身为天下者，乃可以托于天下。

【校注】

〔一〕贵　看重。

〔二〕「若惊」二字原本脱，据帛书补。

〔三〕原本无此句，据景福碑本补。

【今译】

〔人们〕得宠受辱同样惊恐，看重〔宠辱〕祸患如同看重自身。

什么叫「得宠受辱同样惊恐」？以得宠为上，以受辱为下。得到这些惊恐不安，失去这些惊恐不安，这就叫做「得宠受辱同样惊恐。」

什么叫「看重祸患如同看重自身」？我之所以会有大患，是因为我有自身；如果我没有自身，我还会有什么祸患？

所以，为天下贵身的人，可以寄以天下；为天下爱身的人，可以托以天下。

第十四章

视之不见名曰夷〔一〕，听之不闻名曰希〔二〕，搏之不得名曰微〔三〕。此三者不可致诘〔四〕，故混而为一。其上不皦〔五〕，其下不昧〔六〕，绳绳不可名〔七〕，复归于无物〔八〕。是谓无状之状，无物之象，是为忽恍〔九〕。迎之不见其首，随之不见其后。

执古之道，以御今之有〔一〇〕。以知古始〔一一〕，是谓道纪〔一二〕。

【校注】

〔一〕夷　指无色。

〔二〕希　指无声。

〔三〕微　指无形。

〔四〕致诘　究问

〔五〕 皦（jiǎo） 明。

〔六〕 昧 暗。

〔七〕 绳绳 绵延不断的样子。

〔八〕 无物 不可感知的东西，即无色、无声、无形之物。

〔九〕 忽恍 似有似无，不可确定。

〔一〇〕 有 相对于「无物」之「无」而言，即具体可感知的东西。

〔一一〕 古始 指宇宙的初始。

〔一二〕 道纪 道的发展变化规律。

【今译】

看它看不见，称之为「夷」；听它听不到，称之为「希」；摸它摸不着，称之为「微」。〔对〕这三者，都无从追究区别，〔它们〕本来就是混而为一的。它上面并不明亮，它下面也不暗昧，绵延不绝啊不可命名，又复归于无形的状态。这叫做没有形状的形状，不见物体的大象，叫它做「恍惚」。迎着它〔去认识〕，看不见哪是它的前头；跟着它〔去认识〕，看不见哪是它的后背。

把握亘古已存的道，以驾驭当今存在的事物，能够认识宇宙的初始，这叫做认识了道的规律。

第十五章

古之善为道者〔一〕，微妙玄通，深不可识。夫唯不可识，故强为之容：

与兮若冬涉川〔二〕，

犹兮若畏四邻〔三〕，

俨兮其若客〔四〕，

涣兮若冰之将释〔五〕，

敦兮其若朴〔六〕，

旷兮其若谷〔七〕，

浑兮其若浊〔八〕。

孰能浊以静之徐清？孰能安以久动之徐生？

保此道者不欲盈。夫唯不盈，故能蔽而新成〔九〕。

【校注】

〔一〕道 原本作「士」，据帛书改。

〔二〕与 办事小心谨慎

〔三〕犹 警觉戒惕。

〔四〕俨 恭敬庄严。

〔五〕涣 洒脱融和。

〔六〕敦 朴实敦厚。

〔七〕旷 旷远豁达

〔八〕浑 浑厚宽容。

〔九〕而 原本作「不」，据易顺鼎《读老札记》改。 蔽，陈旧朽蔽。

【今译】

古代善于为道的人，幽微精妙玄奥通达，渊深得难以认识。正因为难以认识，所以只勉强地加以形容：

小心谨慎啊，就像冬天里涉水过河；
警觉戒惕啊，就像提防四周邻国的进攻；
恭敬庄重啊，就像是在作客；
行动洒脱啊，就像春水消融；
敦厚朴实啊，就像未经加工的素材；
开旷豁达啊，就像深山幽谷；
浑厚宽容啊，就像江河浊流。

谁能使浊流停止，让它静静地慢慢澄清？谁能在长久安静之中又促动起来慢慢萌生？

保持这个「道」的人不会自满。正因为他不自满，所以能够去除朽敝而复新成。

第十六章

至虚极，守静笃。

万物并作，吾以观其复〔一〕。

夫物芸芸〔二〕，各复归其根。归根曰静，是谓复命〔三〕。复命曰常〔四〕，知常曰明。不知常，妄作凶〔五〕。

知常容〔六〕，容乃公，公乃全〔七〕，全乃天，天乃道，道乃久，没身不殆。

【校注】

〔一〕复　循环往复。

〔二〕芸芸　众多而繁茂。

〔三〕命　指自然本性。

〔四〕常　指自然万物生长变化的规律。

〔五〕妄　原本作「萎」，据张松如《老子说解》改。

〔六〕容　包容。

〔七〕全　原本作「王」，据高亨《老子正诂》改。

【今译】

使心灵虚空达到极点，坚守最高度的清静。

万物一齐生长，我从中观察其发展的循环往复。

万物纷芸茂盛，〔终究要〕各自复归于它的本根。复归于本根就叫做虚静，达到虚静就叫回复到自然本性。回复自然本性就叫做常道，认识常道就叫做聪明。不认识常道，轻举妄动招致灾凶。

认识常道就能包容，包容就能大公，大公就能周全，周全就能符合自然，符合自然就能符合「道」，符合「道」就能长久，终身可免于危险。

第十七章

太上〔一〕，下知有之〔二〕；其次〔三〕，亲之誉之；其次，畏之；其次，侮之。信不足焉，有不信焉〔四〕。

犹兮其贵言〔五〕，功成事遂，百姓皆谓：我自然。

【校注】

〔一〕太上　最好的君主。

〔二〕下　百姓。

〔三〕其次　指次一等的君主。以下「其次」类推。

〔四〕有不信焉　原本无此句　据王弼本补。

〔五〕犹　通「悠」，悠闲。　贵言，谓不轻易发布政令。

【今译】

最好的统治者，人民仅仅知道有他的存在；次一等的统治者，人民亲近而称誉他；再次一等的统治者，人民畏惧他；更次一等的统治者，人民轻侮他。〔统治者〕诚信不足，人民才有不信任感。

〔最好的统治者〕多么悠闲啊，他不轻易发号施令。大功告成，事情遂顺，百姓都说：「我们是自然而然做成的。」

第十八章

大道废，有仁义；智惠出〔一〕，有大伪，六亲不和，有孝慈；国家昏乱，有忠臣。

【校注】

〔一〕惠　通「慧」。

【今译】

大道废弃，才有所谓的仁义；智慧出现，才有严重的诈伪。父子兄弟夫妇纷争不和气，才能显出（谁是）孝慈；国家昏乱，才能见出（谁是）忠贞之臣。

第十九章

绝圣弃智〔一〕，民利百倍；绝仁弃义，民复孝慈；绝巧弃利，盗贼无有。此三者，以为文不足〔二〕，故令有所属〔三〕；见素抱朴，少私寡欲，绝学无忧〔四〕。

【校注】

〔一〕圣　聪明睿智。　智，计谋，策略。

〔二〕文　条文。

〔三〕属　归属。

〔四〕绝学无忧　此句原在下一章，遵高亨说移属于此。

【今译】

灭绝〔前识之〕圣人，抛弃〔巧伪之〕智慧，人民将获利百倍；灭绝仁抛弃义，人民将复归孝慈本性；灭绝奇巧，抛弃私利，盗贼将会消失。这三句话作为〔治理社会的〕条文是不够的，所以还要使人们认识有所归属：行为表现单纯，保持本质淳朴；减少私心，淡泊物欲；〔超绝〕俗学，〔为道〕无忧。

第二十章

唯之与阿〔一〕，相去几何？美之与恶〔二〕，相去何若？人之所畏，不可不畏。

荒兮，其未央哉〔三〕！

众人熙熙〔四〕，如享太牢〔五〕，如春登台。

我独泊兮〔六〕，其未兆〔七〕。

沌沌兮〔八〕，如婴儿之未孩〔九〕。

乘乘兮〔一〇〕，若无所归。

众人皆有馀〔一一〕，而我独若遗〔一二〕。我愚人之心也哉！

俗人昭昭〔一三〕，我独昏昏〔一四〕。

俗人察察〔一五〕，我独闷闷〔一六〕。

淡兮若海〔一七〕，漂兮若无所止。

众人皆有以〔一八〕，而我独顽且鄙〔一九〕。我独异于人，而贵食母〔二〇〕。

【校注】

〔一〕唯　应答之词。　阿，通「呵」，呵斥。

〔二〕美　原本作「善」，据帛书改。

〔三〕荒　广漠，荒远。未央，无边际。央，尽。

〔四〕熙熙　很高兴的样子。

〔五〕太牢　古代祭祀牛、羊、豕三牲具备，称为太牢。此指丰盛的宴席。

〔六〕泊　原本作「怕」，据王弼本改。泊，淡泊。

〔七〕兆　预兆。

〔八〕沌沌兮　此句原在「我愚人之心也哉」之后，据马叙伦《老子正诂》移此。

〔九〕孩　古同「咳」，婴儿的笑声。

〔一〇〕乘乘　无精打彩的样子。

〔一一〕馀　富裕。

〔一二〕遗　不足。

〔一三〕昭昭　明亮貌，此指精明。

〔一四〕昏昏　原本作「若昏」，据王弼本改。

〔一五〕察察　严厉苛刻的样子。

〔一六〕闷闷　淳朴宽宏的样子。

〔二七〕淡　原本作「忽」，据王弼本改。

〔二八〕以　作为。

〔二九〕且　原本作「似」，据傅奕本改。

〔三〇〕食母　谓守道，用道。

【今译】

（恭敬地）唯诺与（怒声）责呵，相差有好多？美好与丑恶，相差有多少？人们都畏惧的，不可不畏惧。

茫茫辽远呵！没有边际。

众人都兴高采烈，如同去享食太牢盛宴，又如同春天登台游玩，我却独淡泊安宁，没有任何感情萌生。

混混沌沌的样子，就象婴儿不会笑；无精打彩啊，就象是无家可归。

众人都富裕，独有我象是什么也不足。我真是「愚人」的心肠啊！

众人都那么智巧高明，唯独我昏昏昧昧。

众人都那么明细苛察，唯独我淳朴宽宏。

恬静啊！好象湛深的大海；行如飘风啊！好象没有止境。
众人都有所作为，唯独我愚顽无能。
我情愿与众人不同，重视体道〔永恒〕。

第二十一章

孔德之容〔一〕，唯道是从。「道」之为物，唯恍唯忽〔二〕。忽兮恍兮，其中有象〔三〕。恍兮忽兮，其中有物。窈兮冥兮〔四〕，其中有精〔五〕。其精甚真，其中有信〔六〕。自今及古〔七〕，其名不去，以阅众甫〔八〕。吾何以知众甫之然哉？以此〔九〕。

【校注】

〔一〕孔德　大德。孔，大。

〔二〕唯恍唯忽　恍恍惚惚，模糊不清的样子。恍，通「恍」。忽，通「惚」。

〔三〕象　形象。

〔四〕窈兮冥兮　深远昏昧的样子。

〔五〕精　精气。

〔六〕信　征信，信验。

〔七〕自今及古　原本作「自古及今」，据帛书改。

〔八〕阅　观，识。　众甫，万物的起源。

〔九〕以此　据此。此，指道。

【今译】

大德的样态，完全依从于道。

道这种东西，恍恍惚惚无定体。它是那样的惚惚恍恍啊，其中自有形象。它是那样的恍恍惚惚啊，其中自有实物。它是那样的深远而暗昧啊，其中自有精气。这精气十分真实，其中自有征信。

从当今回溯到远古，它的名字不能消去，根据它才能认识万原的本原。我怎样知道万物本原的状况呢？是根据道。

第二十二章

「曲则全，枉则直〔一〕。洼则盈，敝则新，少则得，多则惑。」是以圣人抱一为天下式〔二〕。不自见，故明；不自是，故彰〔三〕；不自伐〔四〕，故有功；不自矜〔五〕，故长。夫唯不争，故天下莫能与之争。古之所谓曲则全者，岂虚言哉？诚全而归之。

【校注】

〔一〕枉 屈。

〔二〕抱一 谓守道。 式，楷模，法式。

〔三〕彰 明显，分明。

〔四〕伐 夸耀。

〔五〕矜 矜恃。

【今译】

「委曲反可以全身，屈枉反可以伸直，低洼反可以充盈，陈旧反可以更新，少取反可以有得，贪多反而迷惑。」

因此，圣人坚守道作为天下的范式。不自我表现，所以能看得明；不自以为是，所以是非分得清；不自我夸耀，所以能有功；不自高自大，所以能长久。

正因为不与人争，所以天下没有人能与他争。古人所说的「委曲反而可以保全」的话，怎么会是空话呢？它确实是完全可以达到的。

第二十三章

希言自然〔一〕。飘风不终朝〔二〕，骤雨不终日。孰为此者？天地。天地尚不能久，而况于人乎？故从事于道者，同于道〔三〕；德者，同于德；失者，同于失。同于道者，道亦乐得之；同于德者，德亦乐得之；同于失者，失亦乐失之。

信不足焉，有不信焉。

【校注】

〔一〕希　通「稀」，稀少。

〔二〕**飘风**　大风，狂风。

〔三〕该句之上原衍有「道者」二字，据帛书删。

【今译】

少说话是顺乎自然的，狂风刮不到一早晨，骤雨下不了一整天。谁使它这样呢？〔是〕天地。天地尚不能长久，何况是人呢？所以从事于道的人同于道，从事于德的人同于德，失道失德的人也就同于失。同于道的人，道也乐于得到他；同于德的人，德也乐于得到他。同于失道失德的人，失道失德也乐于得到他。

〔统治者〕诚信不足，就会有百姓对他的不信任。

第二十四章

跂者不立〔一〕，跨者不行，自见者不明，自是者不彰，自伐者无功，自矜者不长。

其于道也，曰：馀食赘形〔二〕。物或恶之，故有道者不处也。

【校注】

〔一〕跂　踮脚，即脚后跟抬起，用脚尖落地而站立。

〔二〕馀食　别人吃剩下的食物。　赘形，正常身体表面另生长的部分，如瘤子。

【今译】

〔想要站得高而〕踮脚是站不住的，〔想要走得快而〕跨大步前进的人是不能远行的，自我表现的人看不明，自以为是的人是非不清，自我炫耀的人不会有功，自我矜持的人不会长久。

从道的角度看，可以说〔以上行为都是〕剩饭残羹，赘瘤畸形。〔它们〕惹人厌恶，所以有道的人决不这样做。

第二十五章

有物混成，先天地生。寂兮寥兮〔一〕，独立而不改，周行而不殆〔二〕，可以为天下母。吾不知其名，强字之曰道〔三〕，强为之名曰大。大曰逝〔四〕，逝曰远，远曰反。

故道大，天大，地大，人亦大〔五〕。域中有四大，而人居其一焉。人法地，地法天，天法道，道法自然。

【校注】

〔一〕寂　无声。　寥，无形。

〔二〕周行　循环往复地运行。

〔三〕强　原本无此字，据傅奕本补。

〔四〕逝　运行。

〔五〕人　原本作「王」，据傅奕本改。下同。

【今译】

有存在物混然而成，先于天地而发生。〔它〕无声啊无形啊，独立存在而永不改变，循环往复地运动而永不衰竭，可以作为天地〔万物〕的本源。我不知道它的名字，所以勉强把它叫作道，〔再〕勉强给它取个名字叫作大。大是说万物莫不运行逝去，逝是说运行达到遥远，远是说又反归于本根〔道〕。

所以说道大，天大，地大，人亦大。宇宙中有四大，而人居其中之一。

人取法地，地取法天，天取法道，道纯任自然。

第二十六章

重为轻根，静为躁君〔一〕。

是以君子〔二〕终日行不离辎重。虽有荣观〔三〕，燕处超然〔四〕。奈何万乘之主，而以身轻天下？

轻则失根〔五〕，躁则失君。

【校注】

〔一〕君　主宰。

〔二〕君子　原本作「圣人」，据帛书改。

〔三〕荣观　指宫阙。

〔四〕燕处　安居。

〔五〕根　原本作「臣」，据俞樾说改。

【今译】

重是轻的根本，静是动的主宰。

因此君子整天行走离不开装载粮食行李的车辆。虽然有豪华的宫阙，却能安闲处之，超然对待。为什么万乘之国的主君，还要以自己的身心轻率浮躁地对待天下呢？轻率就会失去根本，浮躁就会丧失主宰。

第二十七章

善行无辙迹，善言无瑕谪〔一〕，善计不用筹策〔二〕，善闭无关揵而不可开〔三〕，善结无绳约而不可解〔四〕。是以圣人常善救人，故无弃人；常善救物，故无弃物。是谓袭明〔五〕。故善人者，不善人之师；不善人者，善人之资〔六〕。不贵其师，不爱其资，虽智大迷，是谓要妙。

【校注】

〔一〕瑕谪　毛病，过失。

〔二〕筹策　即筹码，古人计算所用。

〔三〕关揵　即门栓。揵，通「楗」。

〔四〕绳约　绳索。

〔五〕袭明　因顺常道。

〔六〕资　借鉴。

【今译】

善于行走的，不会留下痕迹；善于言谈的，不会发生病疵；善于计算的，不用筹码；善于关闭的，不用栓梢却使人无法打开；善于捆缚的，不用绳索却使人无法解。

因此圣人以永恒的善的原则去救人，所以没有被遗弃之人；以永恒的善的原则去救物，所以没有被遗弃的物。这就叫做因顺常道。

所以善人是不善人的老师，不善人是善人的借鉴。不尊重老师〔善人〕，不爱惜借鉴〔不善人〕的作用，就是最聪明的人也会迷惑，这就叫做精要奥妙。

第二十八章

知其雄，守其雌〔一〕，为天下谿。为天下谿，常德不离，复归于婴儿。知其白，守其黑，为天下式〔二〕。为天下式，常德不忒〔三〕，复归于无极〔四〕。知其荣，守其辱，为天下谷。为天下谷，常德乃足，复归于朴。朴散则为器，圣人用之，则为官长，故大制不割。

【校注】

〔一〕雄　喻阳刚之气。　雌，喻阴柔之气。

〔二〕式　楷模，法式。

〔三〕忒(tè)　差失。

〔四〕无极　无可穷极的境界。

【今译】

深知本性雄强，却守持雌柔的地位，作为天下归往的沟溪。作为天下归往的沟溪，永恒的德性不相离，复归于婴儿般的纯朴。

深知本性洁白，却守持昏黑的态势，作为天下的法式。作为天下的法式，永恒的德性不会差失，复归于无穷的境界。深知身份尊荣，却安守卑辱的位置，作为天下归附的川谷。作为天下归附的川谷，永恒的德性才能充足，复归于真朴。

真朴分散成各种器物，圣人沿用〔朴与器的关系原则〕，就成为官长，所以最完善的制作是不会〔违反自然〕去分割〔朴材〕的。

第二十九章

将欲取天下而为之〔一〕，吾见其不得已〔二〕。天下神器〔三〕，不可为也。为者败之，执者失之。

故物或行或随〔四〕，或呴或吹〔五〕，或强或羸〔六〕，或载或隳〔七〕。

是以圣人去甚，去奢，去泰〔八〕。

【校注】

〔一〕取　治理。

〔二〕不得已　不能得到，不能达到目的。

〔三〕神器　神物，神圣的东西。

〔四〕行　指在前面走。　随，在后面跟随。

〔五〕呴　同「嘘」，谓吐气以使物温。　吹，谓吐气以使物寒。

〔六〕羸　羸弱。

〔七〕载　安。　隳，危。

〔八〕甚　指极端。　泰，过分。

【今译】

想要治理天下而勉强作为，我看他不可能达到目的。天下是神圣的东西，不可以强力作为。强力作为的一定会把事情搞坏，强力把持的一定会失去它。

世上事物，有的前行，有的跟随；有的嘘暖，有的吹寒；有的强健，有的羸弱；有的安全，有的坠危。

所以圣人去掉极端，去掉奢侈，去掉过分。

第三十章

以道佐人主者，不以兵强天下。其事好还〔一〕。师之所处，荆棘生焉。大军之后，必有凶年〔二〕。

善者果而已〔三〕，不敢以取强。果而勿矜，果而勿伐，果而勿骄，果而不得已，果而勿强。

物壮则老，是谓不道，不道早已〔四〕。

【校注】

〔一〕其事好还　谓用兵这件事会遭报应的。

〔二〕凶年　荒年。

〔三〕果　指用兵所要达到的目的。

〔四〕早已　指早死。

【今译】

用道辅助君主的人，不以兵力逞强于天下。用兵力逞强的事总会遭报应的。军队驻扎过的地方，荆棘丛生。大战之后，必定出现荒年。善于用兵的人只求达到目的而已，不敢以兵力来逞强。达到目的而不矜持，达到目的而不夸耀，达到目的而不骄傲，达到目的而又出于不得已，达到目的而不逞强。事物强壮了就会走向衰老，这就叫做不遵循道，不遵循道就会很快灭亡。

第三十一章

夫兵者〔一〕，不祥之器，物或恶之，故有道者不处。

君子居则贵左，用兵则贵右〔二〕。兵者不祥之器，非君子之器，不得已而用之，恬惔为上，胜而不美，而美之者，是乐杀人。夫乐杀人者，则不可以得志于天下矣。

吉事尚左，凶事尚右，偏将军居左，上将军居右。言以丧礼处之。杀人之众，以悲哀泣之，战胜以丧礼处之。

【校注】

〔一〕夫兵者　原本作「夫佳兵」，据帛书改。

〔二〕「君子」二句　古人「吉尚左」，「丧尚右」，君子视安居为吉，用兵为丧，因此说「居则贵左，用兵则贵右」。

【今译】

兵器是不吉祥的器械，人们都厌恶它，所以有道的人不使用它。君子平时居处以左为贵，用兵打仗的时候就以右为贵。兵器是不吉祥的器械，不是君子使用的东西，迫不得已而使用它，最好淡然处之。胜利了不要美滋滋地得意，而美滋滋地得意的人，就是以杀人为乐。以杀人为乐的人，就不可能得志于天下。

吉庆之事以左为上，凶丧之事以右为上，〔不专杀的〕偏将军居于左边，〔主杀的〕上将军居于右边。这就是说要用丧礼的仪式来处理用兵打仗之事。杀人众多，要以悲哀的心情来凭吊，战胜后要以丧礼来对待战死的人。

第三十二章

道常，无名朴〔一〕。虽小，天下不敢臣〔二〕。侯王若能守之，万物将自宾〔三〕。

天地相合，以降甘露，民莫之令而自均。

始制有名，名亦既有，夫亦将知止〔四〕知止可以不殆。

譬道之在天下，犹川谷之与江海。

【校注】

〔一〕无名朴　无名而又质朴。

〔二〕不敢臣　不敢以臣相看，不敢以臣相服。

〔三〕自宾　自行处于宾从的位置。

〔四〕夫亦将知止　原本作「天亦将知之」，据帛书改。

【今译】

道是永恒的，没有名字的，质朴的。虽然精微，天下没有什么力量能使之臣服。侯王如果能守道〔治政〕，万物将会自然地宾服。

天地〔阴阳〕相配合，就降下甘露，民众并没有号令，而它自然均匀〔地润泽万物〕。

开始制作便有了名称，名称已经有了，就要知道适度而止，知道适度而止，就没有危险。

打个比方说，道之存在于天下，犹如川流溪谷汇于江海的关系一样。

第三十三章

知人者智，自知者明。

胜人者有力，自胜者强〔一〕。

知足者富。

强行者有志。

不失其所者久。

死而不忘者寿〔二〕。

【校注】

〔一〕强　指意志坚强。

〔二〕死而不忘　谓身死而精神不被后人遗忘。忘，原本作「亡」，据帛书改。

【今译】

能认识别人的是机智，能认识自己的是聪明。
能战胜别人的是有力，能战胜自己的是坚强。
知道满足的人是富有。
坚持力行的人有志向。

不迷失根本的人能长久。

身死而精神不被后人遗忘的人是真正的长寿。

第三十四章

大道氾兮，其可左右。万物恃之以生而不辞〔一〕，功成不名有，爱养万物而不为主〔二〕，常无欲，可名于小；万物归焉而不为主，可名为大。是以圣人终不为大，故能成其大。

【校注】

〔一〕以　原本作「而」，据傅奕本改。

〔二〕爱养　王弼本作「衣养」，皆养育的意思。

【今译】

大道广泛流行啊，周流上下左右。万物依赖它生长而它从不声张，有所成就而不自以为有功，爱护养育万物而不自以为主宰。永远没有〔功名〕欲望，可以称之为微小；万物归附而不为主宰，可以称之为伟大。因此圣人始终不自以为伟大，所以才能成就其伟大。

第三十五章

执大象〔一〕，天下往。往而不害，安平太〔二〕。乐与饵〔三〕，过客止。道之出口，淡乎其无味。视之不足见，听之不足闻，用之不可既〔四〕。

【校注】

〔一〕大象　大道。

〔二〕安平太　安，乃，于是。平太，平安。太，同「泰」。

〔三〕乐与饵　音乐与美食。

〔四〕既　完。

【今译】

掌握着大道，天下之人都会向往。向往而不互相伤害，于是〔大家〕平和康泰。音乐和美食，能使路过的客人为之止步。而道用言语表述出来，却平淡而无味。看它看不见，听它听不着，用它却用不完。

第三十六章

将欲噏之〔一〕，必固张之；将使弱之，必固强之；将欲废之，必固兴之；将欲夺之，必固与之。是谓微明〔二〕。

柔弱胜刚强，鱼不可脱于渊，国之利器，不可以示人。

【校注】

〔一〕嗡 同「歙」，收敛，合起来。

〔二〕微明 幽微而又明显。

【今译】

将要收敛它，必须暂且扩张它；将要削弱它，必须暂且加强它；将要废去它，必须暂且推举它；将要夺取它，必须暂且给予它。这就叫幽微而又显明的道理。

柔弱战胜刚强。鱼的生存不能脱离池渊。国家的「利器」（治国之权术）不可以向人炫耀。

第三十七章

道常无为而无不为，侯王若能守之〔一〕，万物将自化〔二〕。化而欲作，吾将镇之以无名之朴〔三〕。镇之无名之朴〔四〕，夫将不欲〔五〕。不欲以静，天下将自定。

【校注】

〔一〕之　原本脱，据帛书补。

〔二〕自化　自然生长变化。

〔三〕朴　指道的朴实本性。

〔四〕镇之　此二字据帛书补。

〔五〕夫　原本作「亦」，据帛书改。

【今译】

道永远顺任自然而无为，然而没有什么东西不是它所为的。侯王如果能遵守这一原则，万物都将自然生长变化。生长变化到贪欲萌发时，我将用无名之真朴来镇服它。用无名之真朴本性来镇服它，那就将不会有贪欲。没有贪欲就会归于平静，天下将自然走上正道。

老子德经

第三十八章

上德不德〔一〕，是以有德。下德不失德，是以无德。

上德无为而无以为；下德无为而有以为〔二〕。

上仁为之而无以为；上义为之而有以为。

上礼为之而莫之应，则攘臂而仍之〔三〕。故失道而后德，失德而后仁，失仁而后义，失义而后礼。

夫礼者，忠信之薄〔四〕，而乱之首。

前识者〔五〕，道之华〔六〕，而愚之始。是以大丈夫处其厚，不居其薄；

处其实，不居其华。故去彼取此。

【校注】

〔一〕上德　指具有高尚品德的人。上，至，盛。

〔二〕无为　原本作「为之」，据朱谦之《老子校诂》改。

〔三〕仍之　谓强求使人就范。

〔四〕薄　衰薄。

〔五〕前识者　有先见之明的人。

〔六〕华　浮华。

【今译】

上德的人不自以为有德，所以是真正有德。下德的人形式上不失德，所以实际上无法达到德。

上德之人顺任自然又无心作为，下德之人虽顺任自然却有心作为。

上仁之人有所作为而出于无意，上义之人既有所作为且又出于有意。上礼之人强为之礼仪而得不到人们的响应，于是扬臂卷袖强人就范。所以丧失了道而后出现德，丧失了德而后出现仁，丧失了仁而后出现义，丧失了义而后出现了礼。

礼这个东西，是忠信不足的产物，而且是祸乱的开端。所谓先知，不过是对道的华而不实的认识，而且是愚昧的开始。所以大丈夫立身敦厚，不居于浇薄；存心朴实，不居于浮华。因此要舍去那个〔浇薄浮华〕而采取这个〔敦厚朴实〕。

第三十九章

昔之得一者〔一〕：天得一以清，地得一以宁，神得一以灵，谷得一以盈〔二〕，万物得一以生，侯王得一以天下为正。

其致之〔三〕，天无以清，将恐裂；地无以宁，将恐废〔四〕；神无以灵，将恐歇；谷无以盈，将恐竭；万物无以生，将以灭；侯王无以正〔五〕，将恐蹶。

故贵以贱为本，高必以下为基。是以侯王自谓孤、寡、不榖〔六〕。此非以贱为本邪？非乎？故致数舆无舆〔七〕。是故不欲琭琭如玉〔八〕，落落如石〔九〕。

【校注】

〔一〕一　指道。下同。

〔二〕谷　河谷。

〔三〕其致之　广而言之。

〔四〕废　原本作「发」，据刘师培《老子斠补》改。

〔五〕正　原本作「贵高」，据严灵峰《老子达解》改。

〔六〕不榖　原本作「不榖」，据帛书改。

〔七〕與　原本作「车」，据帛书改。與，同「誉」。

〔八〕是故　此二字据帛书补。　琭琭　玉的光泽。

〔九〕落落　石头坚硬的样子。

【今译】

过去得到一的：天得到一而清明，地得到一而安宁，神得到一而灵妙，河谷得到一而水充盈，万物得到一而生长，侯王得到一而为天下的首领。

推而言之，天没有一不能清明，恐怕将要崩裂；地没有一不得安宁，恐怕将要震陷；神没有一不能灵妙，恐怕将要消失；河谷没有一不能水充盈，恐怕将要枯竭；万物没有一不能生长，恐怕将要灭绝；侯王没有一难保首领地位，恐怕将要垮台。

因此贵以贱为根本，高以下为基础。所以侯王自称为「孤」、「寡」、「不穀」，岂不正是以卑贱为根本吗？不是吗？所以最高的声誉无须称誉。因此不要求做琭琭美玉，宁可做落落坚石。

第四十章

反者道之动，弱者道之用。

天下万物生于有，有生于无。

【今译】

向相反的方向变化，是道的运动；保持柔弱的状态，是道的应用。

天下万物产生于有形之质，有形之质产生于无形之质。

第四十一章

上士闻道，勤而行之；中士闻道，若存若亡；下士闻道，大笑之。不笑不足以为道。故建言有之〔一〕：

明道若昧，

进道若退，

夷道若类〔二〕，

上德若谷，

广德若不足，

建德若偷〔三〕，

质真若渝〔四〕，

大白若辱〔五〕，

大方无隅〔六〕，

大器晚成，

大音希声，

大象无形，

道隐无名。

夫唯道，善贷且成〔七〕。

【校注】

〔一〕建言　古语，古谚。

〔二〕类　通「戾」，不平。

〔三〕偷　苟且，懈怠。

〔四〕渝　污浊。

〔五〕辱　玷污。「大白若辱」原在「上德若谷」之后，据高亨《老子正诂》钩乙。

〔六〕隅　棱角。

〔七〕贷　施舍。

【今译】

上士听了道，努力去实行；中士听了道，将信又将疑；下士听了道，哈哈大笑。不被嘲笑，那就不足以成为道。

所以古语有这样的话：

明白的道好似暗昧，
前进的道好似后退，
平坦的道好似崎岖，
广大的德好似不足，
刚建的德好似疲怠，
质朴的纯真好似污浊，
最洁白的东西好似有污垢，
最方正的东西好似无棱角，
最贵重的器物最后完成，
最好的音乐没有声响，
最大的形象没有形迹。

道幽隐而没有名字。

只有道，善于施予万物并且使万物完成。

第四十二章

道生一，一生二〔一〕，二生三〔二〕三生万物。万物负阴而抱阳〔三〕。冲气以为和〔四〕。

人之所恶，唯孤、寡、不穀〔五〕，而王公以为称。故物或损之而益，或益之而损。人之所教，我亦教之：「强梁者不得其死！」吾将以为教父〔六〕。

【校注】

〔一〕二　指阴、阳二气。

〔二〕三　指由阴阳二气生成的中和物。

〔三〕负阴而抱阳　背阴而朝阳。

〔四〕冲气以为和　由阴阳二气互相作用，从而形成和谐统一的状态。

〔五〕毂　原本作「毂」，据帛书改。

〔六〕教父　教戒的旨义。

【今译】

道的始生状态是混沌的一，一化生阴阳二气，阴阳二气化生出第三种东西（阴阳中和的状态），在这种状态中萌生万物。万物都背阴而抱阳，阴阳二气交冲而形成和谐的统一体。

人们所厌恶的，就是「孤」、「寡」、「不毂」，而王侯们却用以称呼自己。所以事物有时减损它反而增益，有时增益它反而减损。别人所教导我的，我也这样去教导别人：「强暴的人不得好死。」我将把这句话作为施教的宗旨。

第四十三章

天下之至柔〔一〕，驰骋天下之至坚〔二〕。无有入无间〔三〕，吾是以知无为之有益。

不言之教，无为之益，天下希及之。

【校注】

〔一〕至柔　指水一类的物质。

〔二〕至坚　指金石等。

〔三〕无有　看不见的物质。　无间，无间隙的物质。

【今译】

天下最柔弱的东西，能驰骋穿行于天下最坚硬的东西中。无形的东西能透入没有间隙的物体，我由此知道无为的益处。

不言的教导，无为的益处，天下很少有能赶得上的。

第四十四章

名与身孰亲？身与货孰多〔一〕？得与亡孰病〔二〕？

甚爱必大费〔三〕，多藏必厚亡〔四〕。

故知足不辱〔五〕，知止不殆，可以长久。

【校注】

〔一〕多　贵重。

〔二〕病　危害。

〔三〕爱　贪婪。　费，耗费。

〔四〕亡　损失。

〔五〕故　原本无此字，据帛书补。

【今译】

名望与生命相比，哪一样更亲？生命与财富相比，哪一样更贵重？获得与丧失，哪一样更有害？过分地贪求必定造成更大的耗费，过多地积聚财富必定招致惨重的损失。所以知道满足才不会受到屈辱，知道适可而止才不会遇到危险，这样才可以长久平安。

第四十五章

大成若缺〔一〕，其用不弊。大盈若冲〔二〕，其用不穷。大直若屈，大巧若拙，大辩若讷〔三〕。

躁胜寒，静胜热，清静为天下正。

【校注】

〔一〕𢓜 同「缺」。

〔二〕冲 虚空。

〔三〕讷 口讷，即心里有话口头表达不好。

【今译】

最完善的好像残缺，它的作用永不衰竭。最充盈的好像空虚，它的作用永不穷尽。最正直的好象枉屈，最灵巧的好象笨拙，最善辩的好像有理说不出。不停地活动可以战胜寒冷，安静可以战胜炎热。清静无为可以做天下的执政者。

第四十六章

天下有道，却走马以粪〔一〕。天下无道，戎马生于郊〔二〕。罪莫大于可欲，祸莫大于不知足，咎莫大于欲得。故知足之足，常足。

【校注】

〔一〕粪　耕种。

〔二〕戎马生于郊　战马生驹于郊野，意谓战争之频繁。

【今译】

天下治理合乎道，把战马还给农夫用以耕种。天下治理不合乎道，母马被送去作战，在两国相交之境生马驹。

罪过之大莫过于纵欲，祸患之大莫过于不知满足，灾殃之大莫过于贪得无厌。知道满足的满足，是永恒的满足。

第四十七章

不出户，知天下；不窥牖，见天道〔一〕。其出弥远，其知弥少。是以圣人不行而知，不见而名〔二〕，无为而成。

【校注】

〔一〕天道　自然规律。

〔二〕名　同「明」。

【今译】

不出门户，就能知天下之事；不望窗外，就能知自然规律。谁出门越远，谁就知道得越少。

因此，圣人不历行就能知晓，不用眼见就能明瞭，不用强为就能成功。

第四十八章

为学日益〔一〕。为道日损〔二〕。损之又损，以至于无为。无为而无不为〔三〕。取天下常以无事〔四〕，及其有事不足以取天下。

【校注】

〔一〕益　增加。

〔二〕损　减少。

〔三〕无为而无不为　不妄为，顺应自然，则无所不成。

〔四〕取　治理。　事，指骚扰百姓的政举。

【今译】

从事于学习的人一天比一天增加知识，从事于体道的人一天比一天减少私欲妄见。减少再减少，以至于达到无妄为。无妄为则无所不能为。想要占有天下的，常常以不扰民之事为本。如果有了扰民之事，就不能占有天下了。

第四十九章

圣人常无心〔一〕，以百姓心为心。

善者吾善之，不善者吾亦善之，德善〔二〕。

信者吾信之，不信者吾亦信之，德信。

圣人在天下怵怵〔三〕，为天下浑其心〔四〕，百姓皆注其耳目〔五〕，圣人皆孩之〔六〕。

【校注】

〔一〕常无心　原本作「无常心」，而帛书作「恒无心」，故据改乙。

〔二〕德　通「得」。

〔三〕怵怵(chù-)　小心谨慎的样子。

〔四〕浑其心　使人心浑朴归真。

〔五〕注其耳目　使人专注于耳目聪明。

〔六〕孩之　象孩童一样天真。

【今译】

圣人永远没有私心，以百姓的心为己心。

对于〔百姓〕善良的意见，〔我〕善待他；对于〔百姓〕不善良的意见，〔我〕也善待他；如此，就得到了善良。

对于〔百姓〕可以相信的意见，我相信他；对于〔百姓〕不可相信的意见，我也相信他，如此，就得到了诚信。

圣人在治理天下时，谨慎戒惧，为天下百姓而浑浊己心。百姓都专注于他们的耳目，圣人把他们都看做孩童。

第五十章

出生入死〔一〕，生之徒，十有三；死之徒，十有三；人之生，动之死地〔二〕，十有三。

夫何故？以其生生之厚〔三〕。盖闻善摄生者〔四〕，陆行不遇兕虎，入军不避甲兵。兕无投其角，虎无所措爪，兵无所容其刃。夫何故？以其无死地。

【校注】

〔一〕出生入死　人出世叫「生」，离开人世叫「死」。

〔二〕动之死地　因活动而致死。

〔三〕生生之厚　为生命而摄取营养太多。

〔四〕善摄生者，善于养生的人。

【今译】

出世为生，入土为死。自然生长的占有十分之三，自然死亡的占有十分之三，而有的人求生，〔妄〕动而陷于死亡，也占有十分之三。

这是什么原因？因为他们养生过度丰厚。听说善于养护生命的人，在陆地行走不会遇到兕牛老虎，打起仗来武器不会伤身。兕牛〔对他〕无处用它的角，老虎〔对他〕无处用它的爪，兵器〔对他〕无处刺入锋刃。这是什么原因？因为他没有陷入死亡之地。

第五十一章

道生之〔一〕，德畜之，物形之，势成之。是以万物莫不尊道而贵德。道之尊，德之贵，夫莫之命而常自然〔二〕。故道生之，德畜之，长之育之，成之孰之，养之覆之〔三〕。生而不有，为而不恃，长而不宰，是谓玄德〔四〕。

【校注】

〔一〕之　指万物，以下三个「之」皆同此。

〔二〕莫之命　不干预它。　常自然，处于永恒的自然状态。

〔三〕覆　保护。

〔四〕玄德　指自然无为的德性。

【今译】

道生成万物，德畜养万物，物质赋予形体，变化趋势使之长成。因此万物都尊重道而珍贵德。道之所以受尊重，德之所以被尊贵，在于它们不号令万物而听任万物自然生长。所以，道生成万物，德畜养万物，使万物成长发育，使万物成熟结果，使万物受到抚养保护。蓄生万物而不据为己有，作成万物而不自恃有功，导引万物而不自主宰，这就叫做幽昧深远的德。

第五十二章

天下有始〔一〕以为天下母〔二〕。既知其母，复知其子〔三〕；既知其子，复守其母，没身不殆〔四〕。塞其兑〔五〕，闭其门，终身不勤〔六〕。开其兑，济其事，终身不救。

见小曰明〔七〕，守柔曰强，用其光，复归其明，无遗身殃，是谓袭常〔八〕。

【校注】

〔一〕**有始** 指有道。

〔二〕**母** 根本，根源。

〔三〕**子** 指天下万物。

〔四〕**没身不殆** 至死也不会出差错。

〔五〕**兑** 孔穴。此指耳、目、口、鼻。

〔六〕**勤** 窘困。

〔七〕**见小** 观察若微。

〔八〕**袭常** 袭，原本作「习」，据帛书改。袭常，谓承袭永恒的道。

【今译】

天下万物都有本始，以之作为天下万物的本源。既已认识了万物的本源，就能认识万物；即已认识了万物，还要把握万物的本源，直到老死没有危险。塞住私欲的通道，关闭情感的门户，终身不会窘困。打开私欲的通道，只会徒增杂事，终身不可救药。察见细微叫做明，守持柔弱叫做强，发挥智慧的光，复归于对常道的体认。不要给自身惹来祸殃，这叫做遵循了自然规律。

第五十三章

使我介然有知〔一〕，行于大道，唯施是畏〔二〕。大道甚夷〔三〕，而民好径〔四〕。朝甚除〔五〕，田甚芜，仓甚虚，服文彩，带利剑，厌饮食〔六〕，财货有馀，是谓盗夸〔七〕。非道哉！

【校注】

〔一〕介然　确然。

〔二〕施　通「迤」，指邪路。

〔三〕夷　平。

〔四〕径　原本作「徑」，据王弼本改。径，邪路。

〔五〕朝　指朝政。　除，颓败。

〔六〕厌　通「餍」，饱足。

〔七〕盗夸　大盗。

【今译】

假使我确实有所认识，行走在大道上，唯一担心的是走上邪路。

大道十分平坦，但人们喜欢捷径。朝政十分颓废，农田十分荒芜，仓库十分空虚，〔却〕穿着彩绣衣服，佩带锋利的宝剑，饱餐丰美的饮食，钱财宝货多的是，这就叫做大强盗。多么无道啊？

第五十四章

善建者不拔，善抱者不脱〔一〕，子孙祭祀不绝〔二〕。

修之于身，其德乃真；修之于家，其德有馀；修之于乡，其德乃长〔三〕；修之于国，其德乃丰；修之于天下，其德乃普。

故以身观身，以家观家，以乡观乡，以国观国，以天下观天下。何以知天下之然哉？以此。

【校注】

〔一〕抱　抱持。

〔二〕绝　原本作「辍」，据帛书改。

〔三〕长　长远。

【今译】

善于建立的拔不掉，善于抱持的脱不了。子子孙孙遵循这一原则，他们的祭祀永不断绝。

修习这一原则于一身，他的德性就会淳真；修习这一原则于一家，他的德性就会富馀；修习这一原则于一乡，他的德性就会久长；修习这一原则于一国，他的德性就会丰硕；修习这一原则于天下，他的德性就会普遍。

因此从这个身去观察别的身，从这个家去观察别的家，从这个乡去观察别的乡，从这个国去观察别的国，从天下去观察天下。怎样知道天下的情况呢？就是用这个方法。

第五十五章

含德之厚，比于赤子。毒虫不螫，猛兽不据〔一〕，玃鸟不搏〔二〕。骨弱筋柔而握固。未知牝牡之合而峻作〔三〕，精之至也。终日号而不哑，和之至也。

知和曰常〔四〕，知常曰明。益生曰祥〔五〕。心使气曰强〔六〕。物状将老，谓之不道，不道早已〔七〕。

【校注】

〔一〕据　兽类抓取食。

〔二〕玃鸟　鸷鸟。玃，通「攫」。

〔三〕朘作　勃起。

〔四〕常　指行为规律。

〔五〕益生　指纵欲。祥，指祸殃。

〔六〕强　逞强，不自量力。

〔七〕早已　早死。

【今译】

含蕴德性深厚之人，可以与初生的婴儿相比。毒虫不螫他，猛兽不伤害他，猛禽不搏击他，筋骨柔弱但小拳头却握得很牢固，还不知道男女交合之事，但他的小生殖器却常勃起，这是精气充沛的缘故；整天号哭而他的喉咙不会沙哑，这是和气淳厚的缘故。认识〔冲气以为〕和的道理就叫做把握了永恒规律，认识了永恒规律就叫做明道。贪生纵欲就叫做灾殃，私心任性使气就叫做逞强。事物过分强壮就变衰老，这就叫不遵循道，不遵循道就会很快死亡。

第五十六章

知者不言，言者不知。

塞其兑，闭其门〔一〕，挫其锐，解其纷，和其光，同其尘〔二〕，是谓玄同〔三〕。

故不可得而亲，亦不可得而疏；不可得而利，亦不可得而害；不可得而贵，亦不可得而贱。故为天下贵。

【校注】

〔一〕以上二句见于第五十二章，注见五十二章注〔五〕。

〔二〕以上四句见于第四章。

〔三〕玄同　谓与道混同为一。

【今译】

大智慧的人不多说话，多说话的没有智慧。

塞住私欲的通道，关闭情感的门户，挫去人们的锋芒，化解人际的纠纷，调和人们的光彩，混蒙于同一尘埃，这就叫做幽昧深远的同一。

所以，〔对于达到玄同境界的人〕不可能亲近，也不可能疏远；不可能予以利益，也不可能加害于他；不可能使他高贵，也不可能使他卑贱。因此，〔他〕为天下人所尊贵。

第五十七章

以正治国〔一〕，以奇用兵，以无事取天下〔二〕。吾何以知其然哉？以此〔三〕：

天下多忌讳〔四〕，而民弥贫；民多利器，国家滋昏；人多伎巧〔五〕，奇物滋起〔六〕；法物滋彰〔七〕，盗贼多有。

故圣人云：「我无为，而民自化〔八〕；我好静，而民自正；我无事，而民自富；我无欲，而民自朴。」

【校注】

〔一〕正　正道。

〔二〕此句见第四十八章注〔四〕。

〔三〕此　指下述道理。

〔四〕忌讳　指朝廷的禁令。

〔五〕伎　同「技」。

〔六〕奇物、傅奕本作「邪事」，即歪风邪气。

〔七〕法物　法令。

〔八〕自化　自然育化。

【今译】

以正道治理国家，以奇术指挥军队作战，以清静不多事取得天下民心。我是怎么知道是这样呢？就是依据这些：

天下的禁令忌讳越多，人民就越贫穷；民间的锐利武器越多，国家就越昏乱；人民的技巧越多，邪恶的事情就越频频发生；法令越森严，盗贼越是多。

所以圣人说：「我无为，人民自然化育；我好静，人民自然上正道；我不做扰民之事，人民自然富裕；我没有私欲，人民自然淳朴。」

第五十八章

其政闷闷〔一〕，其民醇醇〔二〕；其政察察〔三〕，其民缺缺〔四〕。

祸兮福之所倚，福兮祸之所伏。孰知其极？其无正？正复为奇，善复为𫉁〔五〕。人之迷，其日固久。

是以圣人方而不割〔六〕，廉而不害〔七〕，直而不肆，光而不曜〔八〕。

【校注】

〔一〕闷闷　沉闷，无所事事。

〔二〕醇醇　淳朴。醇，通「淳」。

〔三〕察察　苛察，烦细。

〔四〕缺缺　狡诈，刁猾。缺，同「缺」。

〔五〕𫉁　通「妖」。

〔六〕劌　苛刻。

〔七〕廉　锐利。害，伤害。

〔八〕曜　同「耀」，闪耀刺眼。

【今译】

治理国家宽宏无扰民之事，人民就淳厚；治理国家苛严细察，人民就狡猾。祸啊，福运就倚傍着它，福啊，灾祸就埋伏在其中。谁能知道祸福转化的终极？实在没有一个定准。正又转化为邪，善又转化为恶。人们的迷惑，时日已经很长久了。

所以圣人为人方正而不苛刻，棱角锐利而不伤人，直率而不放肆，光明而不炫耀。

第五十九章

治人事天莫若啬〔一〕。

夫唯啬，是谓早服〔二〕。早服谓之重积德，重积德则无不克，无不克则莫知其极〔三〕，莫知其极可以有国。有国之母〔四〕，可以长久。是谓深根固蒂〔五〕，长生久视之道〔六〕。

【校注】

〔一〕啬　吝啬，这里是爱惜的意思。

〔二〕服　准备。

〔三〕极　指极强大的力量。

〔四〕国之母　指治国的法则。

〔五〕蒂　同「蒂」。

〔六〕长生久视　谓人长生，国久治。视，治。

【今译】

治理人民与养护身心，没有比爱惜精神更好的办法了。

爱惜精神，就叫做早作准备。早作准备是说要不断地积德，不断地积德就无所不能，无所不能就具有无穷尽的力量，具有无穷尽的力量就可以拥有国家。有了治国的根本大道，就可以长治久安。

这就是根深蒂固，长生久视的道理。

第六十章

治大国若烹小鲜〔一〕。

以道莅天下〔二〕，其鬼不神。非其鬼不神，其神不伤人。非其神不伤人，圣人亦不伤〔四〕。夫两不相伤，故德交归焉〔五〕。

【校注】

〔一〕小鲜　小鱼小虾。

〔二〕莅　莅临，治理。

〔三〕神　作祟。

〔四〕圣人　指大国的统治者。

〔五〕交归焉　交相结合而归于民。

【今译】

治理大国如同煎小鱼（一样的道理）。以道来治理天下，鬼魅也不作祟了。不是鬼魅不作祟，就是作祟也不伤人。不仅是鬼魅作祟不伤人，圣人也不伤害人。鬼魅和圣人都不伤害人，所以他们的德泽交相结合都归于人民。

第六十一章

大邦者下流〔一〕，天下之牝，天下之交也〔二〕。牝常以静胜牡，以静为下〔三〕。

故大邦以下小邦，则取小邦〔四〕；小邦以下大邦，则取大邦〔五〕。故或下以取，或下而取。大邦不过欲兼畜人〔六〕，小邦不过欲入事人〔七〕。夫两者各得其所欲，大者宜为下。

【校注】

〔一〕邦　原本作「国」，据帛书改。本章下同。

〔二〕以上二句，原本作「天下之交，天下之牝」，据帛书补乙。

〔三〕下　谦下，谦让。本章自此以后，「下」字皆同此。

〔四〕取　取信，取得。「或下以取」之「取」，同此。

〔五〕取　求取。「或下而取」之「取」同此。

〔六〕兼畜　兼并，占有。

〔七〕入事　投靠。

【今译】

大国要甘居卑下的位置，以天下的雌性〔自居〕，那是天下牝牡〔阴阳〕交汇处。雌性常以柔静胜过雄性，这是以柔静为谦下的缘故。

所以大国以谦下对待小国，就可以取得小国的归附，小国以谦下对待大国，就可以取得大国的支持。所以，有的谦下以取归附，有的谦下从而求取支持。大国不过是想兼并别人，小国不过是想依附别人。两方面各自都达到了他们的愿望，大国尤其应该谦下。

第六十二章

道者，万物之奥〔一〕。善人之宝，不善人之所保〔二〕。

美言可以市尊〔三〕，行可以加人〔四〕。人之不善，何弃之有？故立天子，置三公，虽有拱璧以先驷马〔五〕，不如坐进此道。

古之所以贵此道者何？不曰求以得〔六〕，有罪以免邪？故为天下贵。

【校注】

〔一〕奥　主。

〔二〕所保　被保护。

〔三〕市尊　博取尊敬。

〔四〕加人　超过他人。

〔五〕拱璧以先驷马　先献上拱璧，再献上驷马。这是古代奉献礼仪中最丰厚的一种。拱璧，拱抱之宝璧。驷马，指用四匹马拉的车。

〔六〕求以得　原本作「以求得」，据帛书改乙。

【今译】

道是万物的宗主，〔是〕善人的珍宝，〔也是〕不善人所要保持的。美好的言辞可以博取人们的尊敬，美好的行为可以见重于人。人尽管有不善，又如何能舍弃道呢？所以，天子即位，设置三公，虽然有拱璧在先驷马随后的献礼仪式，还不如奉献这个道。

古代之所以重视道的原因何在？不就是说求它就会有所得，有罪就可以免除吗？所以〔道〕为天下人所尊贵。

第六十三章

为无为，事无事，味无味。

大小多少〔一〕，报怨以德。图难于其易〔二〕，为大于其细〔三〕。天下难事，必作于易，天下大事，必作于细。是以圣人终不为大，故能成其大。

夫轻诺必寡信，多易必多难。是以圣人犹难之，故终无难。

【校注】

〔一〕大小多少　谓视大为小，视多为少。

〔二〕图难于其易　想克服困难，要从容易的地方入手。

〔三〕为大于其细　做大事业要从小事情做起。

【今译】

以无为的态度去作为，以不扰民滋事的原则去办事，以恬淡无味的感觉去品味。欲大反小，欲多反少，对待怨恨要以德还报。处理困难要从容易处入手，做大事要从细微处做起。天下困难的事必定发生于容易，天下的大事必定发生于细微。因此圣人始终不自以为大，所以能成就大业。

轻易许诺的必定少信用，把事情看得太容易的必定遇到更多困难，因此，圣人遇事总把它看得很困难，所以终于没有困难。

第六十四章

其安易持，其未兆易谋〔一〕。其脆易破，其微易散。为之于未有，治之于未乱。

合抱之木，生于毫末；九层之台，起于累土；千里之行，始于足下。

为者败之，执者失之。圣人无为故无败，无执故无失。民之从事，常于几成而败之，慎终如始，则无败事。是以圣人欲不欲〔二〕，不贵难得之货；学不学〔三〕，复众人之所过〔四〕，以辅万物之自然而不敢为。

【校注】

〔一〕兆　兆头，迹象。

〔二〕欲不欲　想别人所不想的。

〔三〕学不学　学别人所不学的。

〔四〕复　纠正。　所过，过失。

【今译】

局面安定的时候容易守持，事变没有征兆的时候容易图谋〔制止〕。事物在脆弱的时候容易破解，事物在细微的时候容易消散。做事要做在事故没有发生之前，治理〔动乱〕要着手于动乱没有开始之前。

合抱的大树，从毫末幼芽生长而成；九层的高台，筑起于一堆泥土；千里远行开始于脚下第一步。

私意妄为的必定失败，勉强守执的必定丧失。因此圣人不做〔无道之事〕，所以不会有失败，无所守执，所以无所丧失。

人们做事，常常在快要成功的时候失败。慎重地从事事情完成阶段的工作如同开始时一样，就不会有失败的事发生。

因此圣人想别人所不想的，不看重难得的财货，学别人所不学的，纠正众人的过失，以此辅助万物自然成长，而不敢私意作为。

第六十五章

古之善为道者，非以明民〔一〕，将以愚之〔二〕。

民之难治，以其智多。以智治国，国之贼〔三〕；不以智治国，国之福。知此两者亦楷式，常知楷式，是谓玄德〔四〕，玄德深矣，远矣，与物反矣，乃至于大顺。

【校注】

〔一〕明民　使民聪明。

〔二〕愚之　使民愚昧。

〔三〕贼　祸。

〔四〕玄德　见五十一章注〔四〕。

【今译】

古代善于为道的人，不是用以让人民明识巧诈，而是用以使人民淳朴若愚。人民之所以难于治理，是因为他们的智巧太多。所以用智巧治理国家，是国家的祸害，不用智巧治理国家，是国家的福气。

懂得这两种〔治国方式〕，也就有了法则。经常认识这个法则，就叫做「玄德」。「玄德」深啊远啊，与万物同复归于本原啊，然后达到完全顺乎自然。

第六十六章

江海所以能为百谷王者〔一〕，以其善下之，故能为百谷王。是以圣人欲上民〔二〕，必以言下之；欲先民，必以身后之。是以圣人处上而民不重，处前而民不害。是以天下乐推而不厌。以其不争，故天下莫能与之争。

【校注】

〔一〕百谷王　百川之王。因江海能容百川之水，故称。

〔二〕欲上民　想在民之上，即统治人民。

【今译】

江海之所以能够为百川之归往，因为它善于处在〔比百川〕低下的地方，所以能为百川之归往。

因此，圣人要想位在人民之上，必须用言辞对人民表示谦下；要想位在人民之前，必须把自身利益放在人民之后。因此圣人虽然位居人民之上，人民并不感到负担沉重；处于人民之前，人民也不感到有妨害。所以天下之人都乐意推举他而不会厌弃，因为他不争，所以天下没有谁能和他争。

第六十七章

天下皆谓我大，似不肖〔一〕。夫唯大，故似不肖。若肖，久矣其细！

夫我有三宝，持而保之〔二〕。一曰慈，二曰俭，三曰不敢为天下先。

慈，故能勇；俭，故能广〔三〕；不敢为天下先，故能成器长〔四〕。

今舍慈且勇〔五〕，舍俭且广，舍后且先，死矣！

夫慈，以战则胜，以守则固。天将救之，以慈卫之。

【校注】

〔一〕不肖　不象任何具体的东西，意谓不成材。肖，类似。

〔二〕保　原本作「宝」，据王弼本改。

〔三〕广　大方。

〔四〕器长　万物之长。器，物，指万物。

〔五〕且　姑且。下同。

【今译】

天下人都说我伟大，不像任何事物。正因为伟大，所以不像任何事物。如果像了，那么道早就变得很渺小了。

我有三件法宝，持守并保全它。第一件叫做慈爱，第二件叫做啬俭，第三件叫做不敢自居于天下的前面。

〔因为有〕慈爱，所以能勇敢；〔因为有〕啬俭，所以能大方；〔因为〕不敢自居于天下的前面，所以能成为万事万物之长。

如今〔有人〕舍弃慈爱只取勇敢，舍弃俭啬只取大方，舍弃处后只知争先，死路〔一条〕啊！

那慈爱，用它来攻战就能取胜，用它来守卫就能坚固。天将救助谁，就用慈爱卫护他。

第六十八章

善为士者不武〔一〕，善战者不怒，善胜敌者不与〔二〕，善用人者为之下〔三〕。是谓不争之德，是谓用人之力，是谓配天〔四〕，古之极〔五〕。

【校注】

〔一〕为士者　带兵的人，指将帅。不武，不崇尚武勇。

〔二〕敌　原本作「战」，据帛书改。

〔三〕之　原本无此字，据帛书补。

〔四〕配天　符合天道。

〔五〕极　行为准则。

【今译】

善于作将帅的人不逞勇武，善于作战的人不轻易发怒，善于战胜敌人的人，不与敌人正面交锋，善于用人的人对人谦下。这叫做不争的品德，这叫做利用别人的能力，这叫做符合自然，是自古以来的行为准则。

第六十九章

用兵有言：「吾不敢为主而为客〔一〕，不敢进寸而退尺。」是谓行无行〔二〕，攘无臂〔三〕，仍无敌〔四〕，执无兵〔五〕。祸莫大于轻敌，轻敌几丧吾宝〔六〕。故抗兵相若〔七〕，哀者胜矣。

【校注】

〔一〕主　主动进攻的一方。　客，被迫应战的一方。

〔二〕第一个「行」用作动词，谓摆开行阵。第二个「行」指行阵。

〔三〕攘　谓攘臂，即举起手臂。

〔四〕仍　通「扔」，谓迎战敌人。

〔五〕执　谓手执兵器。

〔六〕宝　指「慈」。慈为三宝之一，见第六十七章。
〔七〕若　原本作「加」，据帛书改。

【今译】

用兵的人有这样的说法：「我不敢主动进攻，而采取应敌守势；我不敢〔冒然〕前进一寸，而宁可后退一尺。」这就是说摆开行阵却像没有行阵，举起手臂却像无臂，迎战敌人却像没有敌人，手执兵器却像没有兵器。

祸患没有比轻敌更大的了，轻敌几乎丧失了我的宝。

所以两军势均力敌，哀痛的一方取得胜利。

第七十章

吾言甚易知，甚易行。天下莫能知，莫能行。

言有宗，事有君〔一〕。夫唯无知，是以不我知。知我者希，则我者贵〔二〕，是以圣人被褐而怀玉。

【校注】

〔一〕言有宗，事有君　此二句互文，意思是：说话、办事都是有主旨，有根据的。宗，主旨。君，本，根据。

〔二〕则　法则。这里用作动词，取法。

〔三〕被褐怀玉　外披粗衣而内藏美玉，比喻有美德而不外露。被，通「披」。褐，粗毛或粗麻编织的短衣。

【今译】

我的话很容易理解，很容易实行。天下竟没有人能理解，没有人能实行。说话、办事有主旨、有根据。因为人们不理解这个道理，所以不理解我。理解我的人很少，取法于我的人〔更是〕难能可贵了。因此，圣人〔行事好似〕身披粗布衣服而怀里揣着宝玉。

第七十一章

知不知，上〔一〕。不知知〔二〕，病〔三〕。夫唯病病〔四〕，是以不病。圣人不病，以其病病，是以不病。

【校注】

〔一〕上 指真「知」，即真正知道。

〔二〕不知知 以「不知」为知。

〔三〕病 指缺点。

〔四〕病病 以「病」为「病」，即把缺点看作缺点。

【今译】

知道了而不自以为知道，这是真知。不知道却自以为知道，这是缺点。只有把缺点看作缺点才能没有缺点。圣人之所以没有缺点，正因为他把缺点看作缺点，所以他没有缺点。

第七十二章

民不畏威，大威至矣。

无狭其所居〔一〕，无厌其所生〔二〕。夫唯不厌，是以不厌。

是以圣人自知不自见〔三〕，自爱不自贵，故去彼取此。

【校注】

〔一〕狭　狭迫。

〔二〕厌　同「压」，压迫，堵塞。

〔三〕见　同「现」，表现。

【今译】

当人民不再畏惧（统治者）威压的时候，那么大乱的威胁就要来了。不要迫狭人民的居所，不要压制人民的生计。只有不压制人民，人民才不会厌弃他。所以，圣人有自知之明而不自我表现，有自爱之心，而不自显高贵，所以舍弃后者（自见、自贵）而取前者（自知、自爱）。

第七十三章

勇于敢则杀，勇于不敢则活。此两者，或利或害。天之所恶，孰知其故？是以圣人犹难之。

天之道〔一〕，不争而善胜，不言而善应，不召而自来，繟然而善谋〔二〕。

天网恢恢〔三〕，疏而不失。

【校注】

〔一〕天之道　自然规律。

〔二〕繟然　坦然。繟，通「坦」。

〔三〕天网恢恢　天道如大网。恢恢，广大的样子。

【今译】

勇于敢〔逞强〕就会被杀，勇于不敢就能存活。这两种勇的结果，有的得利，有的受害。天道所厌恶的，谁能知道其中的缘故？因此，圣人也难以解说清楚。

自然的规律，不争斗而善于取胜，不说话而善于应答，不召唤而自动到来，坦然而善于谋画。自然之网广大又广大，宽疏而没有漏失。

第七十四章

民不畏死，奈何以死惧之？若使民常畏死，而为奇者〔一〕，吾得执而杀之，孰敢？

常有司杀者杀〔二〕，夫代司杀者杀，是谓代大匠斲〔三〕。夫代大匠斲者，希有不伤手矣！

【校注】

〔一〕为奇　作恶。奇，奇诡。

〔二〕句末「杀」字，据傅奕本补。下一句同。

〔三〕斲　砍。

【今译】

人民并不怕死，为什么用死来恐吓他们！假如人民真的害怕死亡，而凡是乱群闹事的人，我就可以把他抓来杀掉，谁还敢〔闹事〕？

经常有专管杀人的人去执行杀人的任务，而那代替专管杀人的去杀人，就如同代替高明的木匠去砍木头。而代替高明木匠砍木头的人，很少有不砍伤自己的手的啊！

第七十五章

民之饥，以其上食税之多〔一〕，是以饥。民之难治，以其上之有为，是以难治。民之轻死，以其求生之厚〔二〕，是以轻死。夫唯无以生为者，是贤于贵生〔三〕。

【校注】

〔一〕上　指统治者。

〔二〕求生　指营养品。

〔三〕贤　胜。

【今译】

人民之所以饥饿，是由于在上的统治者吞食的赋税太多了，因而饥饿。人民之所以难以统治，是由于在上的统治者私意妄为，因而难以统治。人民之所以把死看得很轻，是由于在上的统治者追求养生太奢厚了，因而〔人民〕把死看得很轻。

只有不把养生当作一回事的人，才比过分看重养生的人高明。

第七十六章

人之生也柔弱〔一〕，其死也坚强〔二〕。

万物草木之生也柔脆，其死也枯槁。

故坚强者死之徒，柔弱者生之徒。

是以兵强则不胜，木强则共〔三〕。

强大处下，柔弱处上。

【校注】

〔一〕柔弱　指柔软。

〔二〕坚强　指僵硬。

〔三〕共　通「拱」，弯曲。

【今译】

人初生的时候身体是柔嫩软弱的，死了身体就变得僵硬了。万物草木初生的时候是柔脆的，死了就变得干枯了。所以，坚强的东西属于死亡一类，柔弱的东西是属于富有生命力的一类。

因此用兵逞强就打不了胜仗，树木强大了就会弯曲。强大的处于下降趋势，柔弱的处于上升趋势。

第七十七章

天之道，其犹张弓乎？高者抑之，下者举之；有馀者损之，不足者与之。

天之道，损有馀而补不足。人之道则不然〔一〕：损不足以奉有馀。孰能有馀以奉天下，唯有道者。

是以圣人为而不恃，功成而不处，其不欲见贤〔二〕。

【校注】

〔一〕人之道 指一般的人的处世原则。

〔二〕见贤 表现贤能。见，同「现」。

【今译】

自然的规律，不就像张弓射箭吗？弦位高了就压低些，弦位低了就抬高些；弦拉得过满了就减少些，弦拉得不够满就补足它。

自然的规律，减损有馀的以补给不足的。人世的道理，却不是这样：减损不足的以供奉有馀的。

谁能把多馀的拿来奉献给天下人呢，只有能遵循自然规律的人。

因此，圣人作成事情而不自恃，功成事就而不居功，他不愿意表现自己的贤能。

第七十八章

天下柔弱莫过于水，而攻坚强者莫之能胜〔一〕，以其无以易之〔二〕。弱之胜强，柔之胜刚，天下莫不知，莫能行。

故圣人云：「受国之垢〔三〕，是谓社稷主；受国之不祥〔四〕，是谓天下王。」正言若反。

【校注】

〔一〕之　原本作「知」，据帛书改。

〔二〕第一个「以」据帛书补。

〔三〕垢　污垢，指耻辱。

〔四〕不祥　指祸难。

【今译】

天下没有什么东西比水更柔弱的了，而攻击坚强的东西没有什么能胜过水的，因为它攻击坚强的作用没有什么能代替。

弱之能胜强，柔之能胜刚，天下人没有不知道的，但是没有人能够实行〔这一原则〕。

因此圣人说：「能够承受全国的耻辱，才配称作一国之主，能够承受全国的祸殃，才配称作天下的君王。」正面的话好像是反话。

第七十九章

和大怨，必有馀怨；安可以为善？

是以圣人执左契〔一〕，而不责于人〔二〕。有德司契，无德司彻〔三〕。

天道无亲〔四〕，常与善人。

【校注】

〔一〕左契　古代契约分为左右两片，左片称「左契」，由债权人收执，为索债的根据。契，即契券。

〔二〕责　索取。这里指索债。

〔三〕司彻　掌管税收。彻，周代的税法。

〔四〕亲　偏爱。

【今译】

调和深仇大怨，一定还会有馀怨未消，怎么能有完善的解决办法呢？

因此，圣人保持借据而不向人索债。有德的君主就向持有借据而不求还报的圣人一样，无德的君主只知以收税为事。

自然规律无所偏爱，永远和有德的善人在一起。

第八十章

小国寡民，使有什伯之器而不用〔一〕，使民重死而不远徙〔二〕。虽有舟舆，无所乘之；虽有甲兵，无所陈之，使民复结绳而用之。甘其食，美其服，安其居，乐其俗。邻国相望，鸡狗之声相闻，民至老死〔三〕，不相往来。

【校注】

〔一〕原本「什伯」下有「人」字，据王弼本删。什伯之器，即各种各样的器具。

〔二〕重死　惧怕死。

〔三〕原本无「死」字，据帛书补。

【今译】

国家要小，人口要少，即使有各式各样的器具也不使用，使人民惧怕死亡而不向远方迁移。虽然有船只车辆，却没有必要去乘坐；虽然有铠甲兵器，却没有地方布阵打仗，使人民恢复结绳记事。

〔人们对〕饮食觉得香甜，衣服觉得美丽，居处觉得安适，习俗觉得乐意。邻国互相望得见，鸡鸣犬吠之声相互都听得到，而人民从出生到老死，互相不往来。

第八十一章

信言不美〔一〕，美言不信。
善者不辩，辩者不善。
知者不博，博者不知。
圣人不积，既以为人己愈有，既以与人己愈多。

天之道，利而不害；人之道〔二〕，为而不争。

【校注】

〔一〕信言　诚信的话。

〔二〕「人」字上原本有「圣」字，据帛书删。人之道，为人的法则。

【今译】

诚信的言辞不华美，华美的言辞不诚信。

善良的人不会巧辩，巧辩的人不善良。

大智的人不杂博，杂博的人不智慧。

圣人不积蓄，既用来为别人，自己也更加富有；即已给予别人，自己也更多。

自然的规律，利于万物而不加害万物；人的原则，只为他人而不争夺。

附录一　马王堆汉墓帛书老子甲乙本释文

该释文由马王堆汉墓帛书整理小组整理，北京文物出版社一九七四年和一九七六年分别出版了线装本和排印本。兹将排印本释文附录于此，以便研究者参考。

原书释文凡例说：

一、帛书《老子》皆分二篇，乙本尾篇标有《德》、《道》篇题。甲本用圆点作分章符号，但已残缺，无法复原。为了保存帛书的真实性，本书释文不按通行本分章，仅在篇前补加《德经》、《道经》篇题。

二、为了便于阅读，释文加标点并作简要注释（注译者按，此注释部分，本附录删去）。释文不严格按帛书字体，例如乱帛书作乿、乳，静作[illegible]，聖作耶，其作亓等等，一般多用通行字排印。

三、帛书中的异体字、假借字，在释文中随文注明，外加（　）标志，或在注释中说明。帛书中抹去及未写全的废字，释文用〇代替。原有夺字和衍字，释文不作增删，在注中加以说明。帛书中的错字，随文注出正字，用〈〉表示。

四、帛书残缺部分，按所缺字数据它本补足，首先用甲乙两本互补，两本俱残或彼此字数有出入时，选用传世诸本补入。这主要是便利读者阅读，并不是恢复帛书原貌。补文以【】标出。

本附录释文，参照通行本分章加以分段，俾便对比研究。

老子甲本释文

德经

【上德不德，是以有德。下德不失德，是以无】德。上德无【为而】无以为也。上仁为之【而无】以为也。上义为之而有以为也。上礼【为之而莫之应也，则】攘臂而扔之。故失道。失道矣而后德，失德而后仁，失仁而后义，【失】义而【后礼。夫礼者，忠信之薄也，】而乱之首也。【前识者，】道之华也，而愚之首民。是以大丈夫居其厚而不居其泊（薄），居其实不居其华。故去皮（彼）取此。

昔之得一者，天得一以清，地得【一】以宁，神得一以霝（灵），浴（谷）得一以盈，侯【王德一】而以为正。其致之也，胃（谓）天毋已清将恐【裂，】胃（谓）地毋【已宁】将恐【发，】胃（谓）神毋已霝（灵）【将】恐歇，胃（谓）浴（谷）毋已盈将将恐渴（竭），胃（谓）侯王毋已贵【以高将恐蹶。】故必贵而以贱为本，必高矣而以下为基。夫是以侯王自胃（谓）【曰】孤寡不橐（穀），此其贱【之本】与，非【也？】故

致数与无与。是故不欲【禄禄】若玉，硌【硌若石。】

【上士闻道，堇（勤）能行之。中士闻道，若存若亡，下士闻道，大笑之。弗笑，不足以为道。是以建言有之曰：明道如费，进道如退，夷道如类。上德如谷，大白如辱，广德如不足。建德如偷，质真如渝，大方无隅。大器晚成，大音希声，大象无形，道褒无名。夫唯】道，善【始且善成】。

【反也者，】道之动也。弱也者，道之用也。【天下之物生于有，有生于无】。

【道生一，一生二，二生三，三生万物。万物负阴而抱阳，】中气以为和。天下之所恶，唯孤寡不橐（榖），而王公以自名也。勿（物）或敗（损）之【而益，益】之而敗（损）。故人【之所教，】夕（亦）议而教人。故强良（梁）者不得死，我【将】以为学父。

天下之至柔，【驰】骋于天下之致（至）坚。无有入于无间，五（吾）是以知无为【之有】益也。不【言之】教，无为之益，【天】下希能及之矣。

名与身孰亲？身与货孰多？得与亡孰病？甚【爱必大费，多藏必厚】亡。故知足不辱，知止不殆，可以长久。

大成若缺，其用不弊（敝）。大盈若盅（冲），其用不竆（窘）。大直如诎（屈），大巧如拙，大赢如炳。趮（躁）胜寒，靚（静）胜炅（热）。请（清）靚（静），可以为天下正。

天下有道，【却】走马以粪，天下无道，戎马生于郊。罪莫大于可欲，𡚁（祸）莫大于不知足，咎莫憯于欲得。【故知足之足，】恒足矣。

不出于户，以知天下。不规（窥）于牖，以知天道。其出也弥远，其【知弥少。是以圣人不行而知，不见而名，弗】为而【成。】

为【学者日益，闻道者日损。损之又损，以至于无为，无为而无不为。将欲】取天下也，恒【无事，及其有事也，又不足以取天下矣。】

【圣人恒无心，】□以百【姓】之心为【心。】善者善之，不善者亦善【之，得善也。信者信之，不信者亦信之，得】信也。【圣人】之在天下，𢬵（歙）𢬵（歙）焉，为天下浑心，百姓皆属耳目焉，圣人皆【咳之】。

【出】生，【入死。生之徒十】有【三，死之】徒十有三，而民生生，动皆之死地之十有三。夫何故也？以其生生也。盖【闻善】执生者，陵行不【辟】矢（兕）虎，入军不被甲兵。矢（兕）无所椯（揣）其角，虎无所（昔措）其蚤（爪），兵无所容【其刃，夫】何故也？以其无死地焉。

·道生之而德畜之，物刑（形）之而器成之。是以万物尊道而贵【德。道】之尊，德之贵也，夫莫之时（爵）而恒自然也。·道生之，畜之，长之，遂之，亭之，□之，【养之、覆之。生而】弗有也，为而弗寺（恃）也，长而弗宰也，此之谓玄德。

·天下有始，以为天下母。既（既）得其母，以知其【子，】复守其母，没身不殆。·塞其闷（闷），闭其门，终身不堇（勤）。启其闷，济其事，终身【不棘。见】小曰【明，】守柔曰强。用其光，复归其明。毋道〈遗〉身央（殃），是胃（谓）袭常。

·使我摞（挈）有知也，【行于】大道，唯【施是畏。大道】甚夷，民甚好解。朝（cháo）甚除，田甚芜，仓甚虚，服文采，带利【剑，厌】食，货【财有余，是谓盗夸。盗夸，非道也。】

善建【者不】拔，【善抱者不脱，】子孙以祭祀【不绝。修之身，其德乃真。修之家，其德有】余。修之【乡，其德乃长。修之邦，其德乃丰。修之天下，其德乃溥。】以身【观】身，以家观家，以乡观乡，以邦观邦，以天【下】观【天下。吾何以知天下之然哉？以此】。

【含德】之厚【者，】比于赤子。逢（蜂）犁（虿）虺（虺）地（蛇）弗螫，攫鸟猛兽弗搏。骨弱筋柔而握固。未知牝【牡之会而朘（zuī）怒】，精【之】至也。终曰

〈日〉号而不发，和之至也。和曰常，知和〈常〉曰明，益生曰祥，心使气曰强。【物壮】即老，胃（谓）之不道，不【道早已】。

【知者】弗言，言者弗知。塞其闷，闭其【门，和】其光，同其堅（尘），坐（挫）其阅（锐），解其纷，是胃（谓）玄同。故不可得而亲，亦不可得而疏；不可得而利，亦不可得而害；不可【得】而贵，亦不可得而浅（贱）。故为天下贵。

以正之（治）邦，以畸（奇）用兵，以无事取天下。吾【何以知其然】也𢦏（哉）？夫天下【多忌】讳，而民弥贫。民多利器，而邦家兹（滋）昏。人多知（智），而何（奇）物兹（滋）【起。法物滋章，而】盗贼【多有。是以圣人之言曰：】我无为也，而民自化。我好静，而民自正。我无事，民【自富。我欲不欲，而民自朴。】

【其政闵闵，共邦屯屯。】其正（政）察察，其邦夬（缺）夬（缺）。𥚵（祸），福之所倚；福，祸之所伏。【孰知其极？其无正也？正复为奇，善复为妖。人之迷也，其日固久矣。是以方而不割，廉而不刺，直而不绁，光而不曜】。

【治人事天，莫若啬。夫惟啬，是以早服。早服是胃重积德。重积德则无不克，无不克则莫知其极。莫知其极，】可以有国。有国之母，可以长久。是胃（谓）深槿（根）固氏（柢），长【生久视之】道也。

【治大国若亨（烹）小鲜。以道莅】天下，其鬼不神。非其鬼不神也。其神不伤人也。非其申（神）不伤人也，圣人亦弗伤【也。夫两】不相【伤，故】德交归焉。

大邦者，下流也，天下之牝。天下之郊（交）也。牝恒以靓（静）胜牡。为其靓（静）【也，故】宜为下。大邦【以】下小【邦】，则取小邦。小邦以下大邦，则取于大邦。故或下以取，或下而取。【故】大邦者不过欲兼畜人，小邦者不过欲入事人。夫皆得其欲，【故大邦者宜】为下。

【道】者，万物之注也，善人之瑧（宝）也，不善人之所瑧（保）也。美言可以市，尊行可以贺（加）人。人之不善也。何弃【之】有？故立天子，置三卿，虽有共之璧以先四马，不善〈若〉坐而进此。古之所以贵此者何也？不胃（谓）求【以】得，有罪以免舆（与）？故为天下贵。

·为无为，事无事，味无未（味）。大小多少，报怨以德。图难乎【其易也，为大乎其细也。】天下之难作于易，天下之大作于细。是以圣人冬（终）不为大，故能【成其大。夫轻诺者必寡信，多易】必多难，是【以圣】人猷（犹）难之，故冬（终）于无难。

·其安也，易持也。【其未兆也，】易谋【也。其脆也，易判也。其微也，易散也。

为之于其未有，治之于其未乱也。合抱之木，生于】毫末。九成之台，作于蠃（蔂）土。百仁（仞）之高，台（始）于足【下。为之者败之，执之者失之。圣人无为】也，【故】无败【也；】无执也，故无失也。民之从事也，恒于其成事而败之。故慎终若始，则【无败事矣。是以圣人】欲不欲，而不贵难得之䝷（货）；学不学，而复众人之所过；能辅万物之自【然，而】弗敢为。

故曰：为道者非以明民也，将以愚之也。民之难【治】也，以其知（智）也。故以知（智）知邦，邦之贼也；以不知（智）知邦，【邦之】德也；恒知此两者，亦稽式也。恒知稽式，此胃（谓）玄德。玄德深矣，远矣，与物【反】矣，乃【至大顺】。

【江】海之所以能为百浴（谷）王者，以其善下之，是以能为百浴（谷）王。是以圣人之欲上民也，必以其言下之；其欲先【民也，】必以其身后之。故居前而民弗害也，居上而民弗重也。天下乐隼（推）而弗猒（厌）也，非以其无诤（争）与？故【天下莫能与】诤（争）。

·小邦寡民，使十百人之器毋用，使民重死而远送〈徙〉。有车周（舟）无所乘之，有甲兵无所陈【之。使民复结绳而】用之。甘其食，美其服，乐其俗，安其居。⿰粦几（邻）邦相壂〈望〉，鸡狗之声相闻，民【至老死不相往来】。

【信言不美，美言】不【信。知】者不博，【博】者不知。善【者不多，多】者不善。·圣人无【积，既】以为【人，己愈有；既以予人，己愈多。故天之道，利而不害；人之道，为而弗争。】

天下皆谓我大，不肖。】夫唯·【大，】故不宵（肖）。若宵（肖），细久矣。我恒有三葆（宝），之，一曰兹（慈），二曰检（俭），【三曰不敢为天下先。夫兹，故能勇；俭，】故能广；不敢为天下先，故能为成事长。今舍其兹（慈），且勇；舍其后，且先；则必死矣。夫兹（慈），【以战】则胜，以守则固。天将建之，女（如）以兹（慈）垣之。

善为士者不武，善战者不怒，善胜敌者弗【与，】善用人者为之下。【是】胃（谓）不诤（争）之德。是胃（谓）用人，是胃（谓）天，古之极也。

·用兵有言曰：「吾不敢为主而为客，吾不进寸而芮（退）尺。」是胃（谓）行无行，襄（攘）无臂，执无兵，乃（扔）无敌矣。𧊒（祸）莫于〈大〉于无适（敌），无适（敌）斤（近）亡吾吾葆（宝）矣。故称兵相若，则哀者胜矣。

吾言甚易知也，甚易行也；而人莫之能知也，而莫之能行也。言有君，事有宗。其唯无知也，是以不【我知。知我者希，则】我贵矣。是以圣人被褐而褱（怀）玉。

知不知，尚矣。不知不知，病矣。是以圣人之不病，以其【病病，是以不病】。

【民之不】畏畏（威），则【大威将至】矣。·毋（毋）闸（狎）其所居。毋猒（厌）其所生。夫唯弗猒（厌），是【以不厌。是以圣人自知而不自见也，自爱】而不自贵也。故去被（彼）取此。

·勇于敢者【则杀，勇】于不敢者则栝（活）。【知此两者，或利或害。天之所恶，孰知其故？天之道，不战而善胜，】不言而善应，不召而自来，弹而善谋。【天网恢恢，疏而不失】。【若民恒且不畏死，】奈何以杀思（惧）之也？若民恒是〈畏〉死，则而为者吾将得而杀之，夫孰敢矣！若民【恒且】必畏死，则恒有司杀者。夫伐〈代〉司杀者杀，是伐〈代〉大匠斲也。夫伐〈代〉大匠斲者，则【希】不伤其手矣。

·人之饥也，以其取食说之多也，是以饥。百姓之不治也，以其上有以为【也，】是以不治。·民之巠（轻）死，以其求生之厚也，是以巠（轻）死。夫唯无以生为者，是贤贵生。

·人之生也柔弱，其死也葟仞贤（坚）强。万物草木之生也柔脆，其死也栙（枯）薨（槁）。故曰：「坚强者，死之徒也；柔弱微细，生之徒也。」兵强则不胜，木强则恒。强大居下，柔弱微细居上。

天下【之道，犹张弓】者也，高者印（抑）之，下者举之，有余者敗（损）之，不足者补之。故天之道，敳（损）有【余而补不足；人之道则】不然，敳（损）【不足以】奉有余。孰能有余而有以取奉于天者乎？【惟有道者乎？是以圣人为而弗有，成功而弗居也。若此其不欲】见贤也。

天下莫柔【弱于水，而攻】坚强者莫之能【先】也，以其无【以】易【之也。故柔胜刚，弱】胜强，天【下莫不知，而莫能】行也。故圣人之言云，曰：受邦之诟（诟），是胃（谓）社稷之主；受邦之不祥，是胃（谓）天下之王。【正言】若反。

和大怨，必有余怨，焉可以为善？是以圣右介（契）而不以责于人。故有德司介（契），【无】德司徹（彻）。夫天道无亲，恒与善人。

道经

道，可道也，非恒道也。名，可名也，非恒名也。无名，万物之始也。有名，万物之母也。【故】恒无欲也，以观其眇（妙）；恒有欲也，以观其所噭。两者同出，异名

同胃（谓）。玄之有（又）玄，众眇（妙）之【门。】

天下皆知美为美，恶已；皆知善，訾（斯）不善矣。有、无之相生也，难、易之相成也，长、短之相刑（形）也，高、下之相盈也，意〈音〉、声之相和也，先、后之相隋（随），恒也。是以声（圣）人居无为之事，行【不言之教。万物作而弗始】也，为而弗志（恃）也，成功而弗居也。夫唯居，是以弗去。

不上贤，【使民不争。不贵难得之货，使】民不为【盗】。不【见可欲，使】民不乱。是以声（圣）人之【治也：虚其心，实其腹，弱其志，】强其骨。恒使民无知无欲也。使【夫知不敢弗为而已，则无不治矣】。

【道冲，而用之有弗】盈也。潚〈渊〉呵始（似）万物之宗。锉（挫）其，解其纷，和其光，同【其尘。湛呵似】或存。吾不知【谁】子也，象帝之先。

天地不仁，以万物为刍狗。声（圣）人不仁，以百省（姓）【为刍】狗。天地【之】间，【其】犹橐籥與（与）？虚而不淈（屈），踵（动）而俞（愈）出。多闻数穷，不若守于中。

浴（谷）神【不】死，是胃（谓）玄牝。玄牝之门，是胃（谓）【天】地之根。緜緜呵若存，用之不堇（勤）。

天长，地久。天地之所以能【长】且久者，以其不自生也，故能长生。是以声（圣）人芮（退）其身而身先，外其身而身存。不以其无【私】舆（与）？故能成其【私。】

上善治（似）水。水善利万物而有静（争），居众之所恶，故几于道矣。居善地，心善潚〈渊〉，予善信，正（政）善治，事善能，蹱（动）善时。夫唯不静（争），故无尤。

𢭏（殖）而盈之，不【若其已。揣而】□之□之，□可常葆之。金玉盈室之，莫之守也。贵富而骄（骄），自遗咎也。功述（遂）身芮（退），天【之道也】。

【戴营魄抱一，能毋离乎？抟气至柔，】能婴儿乎？修除玄蓝（鉴），能毋疵乎？爱【民活国，能毋以知乎？天门启阖，能为雌乎？明白四达，能毋以为乎？】生之，畜之，生而弗【有，长而弗宰，是谓玄】德。

卅【辐同一毂，当】其无【有，车】之用【也。】然（埏yán）埴为器，当其无有，埴器【之用也。凿户牖，】当其无有，【室】之用也。故有之以为利，无之以为用。

五色使人目明〈盲〉，驰骋田腊（猎）使人【心发狂。】难得之僨（货），使人之行方（妨），五味使人之口啪（爽），五音使人之耳聋。是以声（圣）人之治也，为腹不

【为目。】故去罢（彼）耳〈取〉此。

龙（宠）辱若惊，贵大梡（患）若身。苛（何）胃（谓）龙（宠）辱若惊？龙（宠）之为下，得之若惊，失【之】若惊，是胃（谓）龙（宠）辱若惊。何胃（谓）贵大梡（患）若身？吾所以有大梡（患）者，为吾有身也。及吾无身，有何梡（患）？故贵为身于为天下，若可以迈（托）天下矣；爱以身为天下，女何以寄天下？

视之而弗见，名之曰微。听之而弗闻，名之曰希。捪之而弗得，名之曰夷。三者不可至（致）计（诘），故圂【而为一。】一者，其上不攸，其下不忽。寻寻呵不可名也，复归于无物。是胃（谓）无状之状，无物之【象。是谓忽恍。随而不见其后，迎】而不见其首。执今之道，以御今之有。以知古始，是胃（谓）【道纪】。【古之善为道者，微妙玄达，】深不可志（识）。夫唯不可志（识），故强为之容，曰：与呵其若冬【涉水，犹呵其若】畏四【邻，严】•呵其若客，涣呵其若淩（凌）泽（释），□呵其若楃（朴），湷（chūn）【呵其若浊，莊（zhuàng）呵其】若浴（谷）。浊而情（静）之，余（徐）清。女〈安〉以重（动）之，余（徐）生。葆此道不欲盈。夫唯不欲【盈，是】以能【敝而不】成。

至虚极也，守情（静）表也。万物旁（并）作，吾以观其复也。天物云（芸）云

（芸），各复归于其【根，曰静。】情（静），是胃（谓）复命。复命，常也。知常，明也。不知常，巿（妄），巿（妄）作兇。知常容，容乃公，公乃王，王乃天，天乃道，【道乃久，】沕（没）身不怠。

大上下知有之，其次亲誉之，其次畏之，其下母（侮）之。信不足，案有不信。【犹呵】其贵言也。成功遂事，而百省（姓）胃（谓）我自然。

故大道废，案有仁义。知（智）快（慧）出，案有大伪。六亲不和，案有畜（孝）兹（慈）。邦家闾（昏）乱，案有贞臣。

绝声（圣）弃知（智），民利百负（倍）。绝仁弃义，民复畜（孝）兹（慈）。绝巧弃利，盗贼无有。此三言也，以为文未足，故令之有所属。见素抱【朴，少私寡欲。】

【绝学无忧。】唯与诃，其相去几何？美与恶，其相去何若？人之【所畏，】亦不【可以不畏。恍呵其未央哉！】众人巸（熙）巸（熙），若乡（飨）于大牢，而春登台。我泊焉未佻（兆），若【婴儿未咳。】累呵如【无所归。众人】皆有余，我独遗。我禺（愚）人之心也，惷惷呵。鬻（俗）【人昭昭，我独若】閈（昏）呵。鬻（俗）人蔡（察）蔡（察），我独闽（闷）闽（闷）呵。忽呵其若【海，】望（恍）呵其若无所止。【众人皆有以，我独顽】以悝（俚）。吾欲独异于人，而贵食母。

孔德之容，唯道是从。道之物，唯望（恍）唯忽。【忽呵恍】呵，中有象呵。望（恍）呵忽呵，中有物呵。灣（幽）呵鸣（冥）呵，中有请（精）吔〈呵〉。其请（精）甚真，其中【有信。】自今及古，其名不去，以顺众仪（父）。吾何以知众仪（父）之然？以此。

炊者不立。自视（示）不章，【自】见者不明，自伐者无功，自矜者不长。其在道，曰：「粽（余）食、赘行。」物或恶之，故有欲者【弗】居。

曲则全，枉则定（正），洼则盈，敝则新，少则得，多则惑。是以声（圣）人执一，以为天下牧。不【自】视（示）故明，不自见故章，不自伐故有功，弗矜故能长。夫唯不争，故莫能与之争。古【之所谓曲全者几】语才（哉）？诚全归之。

希言自然。飘风不冬（终）朝，暴雨不冬（终）日。孰为此？天地，【而弗能久，又况】于人乎？故从事而道者同于道，德（得）者同于德（得），者〈失〉者同于失。同德（得）【者】，道亦德（得）之。同于失者，道亦失之。

有物昆成，先天地生。绣（寂）呵缪（寥）呵，独立【而不改，】可以为天地母。吾未知其名，字之曰道。吾强为之名曰大【大】曰筮（逝），筮（逝）曰【远，远曰反。道大，】天大，地大，王亦大。国中有四大，而王居一焉。人法地，【地】法【天】，天法【道，道】法【自然】。

【重】为巠（轻）根，清（静）为趮（躁）君。是以君子众（终）日行，不离其甾（辎）重，唯（虽）有环官（馆），燕处【则昭】若。若何万乘之王而以身巠（轻）于天下？巠（轻）则失本，趮（躁）则失君。

善行者无勶（辙）迹，【善】言者无瑕适（谪），善数者不以梼（筹）箖（策）。善闭者无闸（关）籥（阛 yuè）而不可启也，善结者【无纆（mò）】约而不可解也。是以声（圣）人恒善怵（救）人，而无弃人，物无弃财，是胃（谓）忡明。故善【人，善人】之师；不善人，善人之齎（资）也，不贵其师，不爱其齎（资），唯（虽）知（智）乎大眯（迷）。是胃（谓）眇（妙）要。

知其雄，守其雌，为天下溪。为天下溪，恒德不鸡〈离〉。恒〈德〉不鸡〈离〉，复归婴儿。知其白，守其辱，为天下浴（谷）。为天下【浴（谷），】恒德乃【足。】德乃【足，复归于朴。】知其，守其黑，为天下式。为天下式，恒德不貣（忒）。德不貣（忒），复归于无极。楃（朴）散【则为器，圣】人用则为官长，夫大制无割。

将欲取天下而为之，吾见其弗【得已。天下，神】器也，非可为者也。为者败之，执者失之。物或行或随，或炅（热）或【吹，或强或挫，】或坏（培）或椭（堕）。是以声（圣）人去甚，去大，去楮（奢）。

以道佐人主，不以兵强【于】天下。【其事好还，师之】所居，楚朸（棘）生之。善者果而已矣，毋以取强焉。果而毋驕（骄），果而勿矜，果而【勿伐，】果而毋得已居，是胃（谓）【果】而不强。物壮而老，是胃（谓）之不道，不道蚤（早）已。

夫兵者，不祥之器【也。】物或恶之，故有欲者弗居。君子居则贵左，用兵则贵右，故兵者非君子之器也。【兵者】不祥之器也，不得已而用之，銛袭为上，勿美也。若美之，是乐杀人也。夫乐杀人，不可以得志于天下矣。是以吉事上左，丧事上右；是以便（偏）将军居左，上将军居右，言以丧礼居之也。杀人众，以悲依（哀）立（莅）之，战胜，以丧礼处之。

道恒无名，楃（朴）唯（虽）【小而天下弗敢臣，侯】王若能守之，万物将自宾。天地相谷〈合〉，以俞甘洛（露）。民莫之【令，而自均】焉。始制有【名。名亦既】有，夫【亦将知止，知止】所以不【殆。】俾（譬）道之在【天下也，犹小】浴（谷）之与江海也。

知人者，知（智）也。自知【者，明也。胜人】者，有力也。自胜者，【强也。知足者，富】也。强行者，有志也。不失其所者，久也。死不忘者，寿也。

道，【汎呵其可左右也，成功】遂事而弗名有也。万物归焉而弗为主，则恒无欲也，可名于小。万物归焉【而弗】为主，可名于大。是【以】声（圣）人之能成大也，以其不为大也，故能成大。

执大象，【天下】往。往而不害，安平大。乐于饵，过格止。故道之出言也，曰：「谈（淡）呵其无味也。【视之，】不足见也。听之，不足闻也。用之，不可既也。」

将欲拾（翕）之，必古（固）张之。将欲弱之，【必固】强之。将欲去之，必古（固）与之。将欲夺之，必固予之。是胃（谓）微明。友弱胜强，鱼不脱于潚〈渊〉，邦利器不可以视（示）人。

道恒无名，侯王若守之，万物将自憠（化）。憠（化）而欲【作，吾将镇】之以无名之楃（朴）。【镇之以】无名之楃（朴），夫将不辱。不辱以情（静），天地将自正。

老子乙本释文

德经

上德不德，是以有德。下德不失德，是以无德。上德无为而无以为也。上仁为之而无以为也。上德〈义〉为之而有以为也。上礼为之而莫之应也，则攘臂而乃（扔）之。故失道而后德，失德而句（后）仁，失仁而句（后）义，失义而句（后）礼。夫礼者，忠信之泊（薄）也，而乱之首也。前识者，道之华也，而愚之首也。是以大丈夫居【其厚不】居其泊（薄），居其实而不居其华。故去罢（彼）而取此。

昔得一者，天得一以清，地得一以宁，神得一以霝（灵），浴（谷）得一盈，侯王得一以为天下正。其至也，胃（谓）天毋已清将恐莲（裂），地毋已宁将恐发，神毋【已灵将】恐歇，谷毋已【盈】将渴（竭），侯王毋已贵以高将恐欮（蹶）。故必贵以贱为本，必高矣而以下为基。夫是以侯王自胃（谓）弧寡不橐（榖），此其贱之本与，非也？故至数舆无舆。是故不欲禄禄若玉，硌硌若石。

上【士闻】道，堇（勤）能行之。中士闻道，若存若亡。下士闻道，大笑之，弗笑，【不足】以为道。是以建言有之曰：明道如费，进道如退，夷道如类。上德如浴（谷），大白如辱，广德如不足。建德如【偷，】质【真如渝，】大方无禺（隅）。大器免（晚）成，大音希声，天〈大〉象无刑（形），道褒无名。夫唯道，善始且善成。

反也者，道之动也。【弱也】者，道之用也。天下之物生于有，有【生】于无。

道生一，一生二，二生三，三生【万物。万物负阴而抱阳，冲气】以为和。人之所亚（恶），【唯孤】寡不橐（穀），而王公以自【称也。物或益之而】云（损），云（损）之而益。【人之所教，亦议而教人。强梁者不得其死，】吾将以【为学】父。

天下之至【柔】，驰骋乎天下【之至坚。出于无有，入于】无间。吾是以【知无为之有益】也。不【言之教，无为之益，天下希能及之】矣。

名与【身孰亲？身与货孰多？得与亡孰病？是故甚爱必大费，多藏必厚亡。故知足不辱，知止不殆，可以长久】。

【大成如缺，其用不敝。大】盈如冲，其【用不穷。大直如诎，大】巧如拙，【大辩如讷，大赢如】绌。趮（躁）朕（胜）寒，【静胜热。知清静，可以为天下正】。

【天下有】道，却走马【以】粪。无道，戎马生于郊。罪莫大可欲，祸【莫大于不知足，咎莫憯于欲得。故知足之足，恒】足矣。

不出于户，以知天下。不規（窥）于【牖，以】知天道。其出簟（弥）远者，其知簟（弥）【尠。是以圣人不行而知，不见】而名，弗为而成。

为学者日益，闻道者日云（损），云（损）之有（又）云（损），以至于无【为，无为而无不为矣。将欲】取天下，恒无事。及其有事也，【又不】足以取天【下矣】。

【圣】人恒无心，以百省（姓）之心为心。善【者善之，不善者亦善之，得】善也。信者信之，不信者亦信之，德（得）信也。圣人之在天下也，欱（歙）欱（歙）焉，【为天下浑心，百】生（姓）皆注其【耳目焉，圣人皆咳之】。

【出】生，入死。生之【徒十有三，死】之徒十又（有）三，而民生生，僮（动）皆之死地之十有三。【夫】何故也？以其生生。盖闻善执生者，陵行不辟兕虎，入军不被兵革。兕无【所揣其角，虎无所措】其蚤（爪），兵【无所容其刃，夫何故】也？以其无【死地焉。】

道生之，德畜之，物刑（形）之，而器成之。是以万物尊道而贵德。道之尊也，德之贵也，夫莫之爵也，而恒自然也。道生之，畜【之，长之，育】之，亭之，毒之，养之，复（覆）【之。生而弗有，为而弗恃，长而】弗宰，是胃（谓）玄德。

天下有始，以为天下母。既得其母，以知其子，既〇知其子，复守其母，没身不佁（殆）。塞其垸，闭其门，冬（终）身不堇（勤）。启其垸，齐其【事，终身】不棘。见小曰明，守【柔曰】强。用【其光，复归其明，无】遗身央（殃），是胃（谓）【袭】常。

使我介有知，行于大道，唯他（施）是畏。大道甚夷，民甚好懈（xiè）。朝甚除，田甚芜，仓甚虚。服文采，带利剑，猒（厌）食而赍（资）财【有余。是谓】盗□，【盗□，】非【道】也。

善建者【不拔，善抱者不脱，】子孙以祭祀不绝。修之身，其德乃真。修之家，其德有余。修之乡，其德乃长。修之国，其德乃夆（丰）。修之天下。其德乃博（溥）。以身观身，以家观【家，以国观】国，以天下观天下。吾何【以】知天下之然兹（哉）？以【此】。

含德之厚者，比于赤子。蠭（蜂）疠（蠆）虫（虺）蛇弗赫（螫），据鸟孟（猛）兽弗捕（搏），骨筋弱柔而握固。未知牝牡之会而朘（zuī）怒，精之至也。冬（终）日号而不嚘，和【之至也。知和曰】常，知常曰明，益生【曰】祥，心使气曰强。物

【壮】则老，胃（谓）之不道，不道蚤（早）已。

知者弗言，言者弗知。塞基垅，闭其门，和其光，同其尘，锉（挫）其兑（锐）而解其纷，是胃（谓）玄同。故不可得而亲也，亦【不可】得而【疏；不可】得而○利，【亦不可】得而害；不可得而贵，亦不可得而贱。故为天下贵。

以正之（治）国，以畸（奇）用兵，以无事取天下。吾何以知其然也才（哉）？夫天下多忌讳，而民弥贫。民多利器，【而国家滋】昏。【人多智慧，而奇物滋起。法】物兹（滋）章，而盗贼【多有。】是以【圣】人之言曰：我无为而民自化，我好静而民自正，我无事而民自富，我欲不欲而民自朴。

其正（政）闵（闵）闵（闵），其民屯屯。其正（政）察察，其【民缺缺】。福，【祸】之所伏，孰知其极？【其】无正也？正【复为奇，善复为【妖。人】之悉（迷）也，其日固久矣。是以方而不割，兼（廉）而不刺，直而不绁，光而不眺（耀）。

治人事天，莫若啬。夫唯啬，是以蚤（早）服。蚤（早）服是胃（谓）重积【德。】重【积德则无不克，无不克则】莫知其【极。】莫知其【极，可以】有国。有国之母，可【以长】久。是胃（谓）【深】根因氐（柢），长生久视之道也。

治大国若亨（烹）小鲜。以道立（莅）天下，其鬼不神。非其鬼不神也，其神不伤人也。非其神不伤人也，【圣人亦】弗伤也。夫两【不】相伤，故德交归焉。

大国【者，下流也，天下之】牝也。天下之交也，牝恒以静朕（胜）牡。为其静也，故宜为下也。故大国以下【小】国，则取小国。小国以下大国，则取于大国。故或下【以取，或】下而取。故大国者不【过】欲并畜人，小国不【过】欲入事人。夫【各得】其欲，则大者宜为下。

道者，万物之注也，善人之琛（宝）也，不善人之所保也。美言可以市，尊行可以贺（加）人。人之不善，何【弃之有？故】立天子，置三乡〈卿〉，虽有【共之】璧以先四马，不若坐而进此。古【之所以贵此者何也？】不胃（谓）求以得，有罪以免与？故为天下贵。

为无为，【事无事，味无味。大小多少，报怨以德。图难乎其易也，为大】乎其细也。天下之【难作于】易，天下之大【作于细。是以圣人终不为大，故能成大。】夫轻若（诺）【必寡】信，多易必多难，是以圣人【犹难】之，故【终于无难】。【其安也易持，其未兆也易谋，其脆也易判，共微也易散。为之于其未有也，治之于共未乱也。合抱之】木，作于毫末；九成之台，作于虆（léi）土；百千之高，始于足下。为之者败之，执者失之。是以圣人无为【也，故无败也；无执也，故无失也。】民之从事也，恒于其成而败之。故曰：「慎冬（终）若始，则无败事矣。」是以圣人欲不欲，而不贵难得之货；学不学，复众人之所过；能辅万物之自然，而弗敢为。

古之为道者，非以明【民也，将以愚】之也。夫民之难治也，以其知（智）也。故以知（智）知国，国之贼也；以不知（智）知国，国之德也；恒知此两者，亦稽式也。恒知稽式，是胃（谓）玄德。玄德深矣、远矣，【与】物反也，乃至大顺。

江海所以能为百浴（谷）【王者，以】其【善】下之也，是以能为百浴（谷）王。是以圣人之欲上民也，必以其言下之；其欲先民也，必以其身后之。故居上而民弗重也，居前而民弗害。天下皆乐谁（推）而弗猒（厌）也，不【以】其无争与？故天下莫能与争。

小国寡民，使有十百人器而勿用，使民重死而远徙。又（有）周（舟）车无所乘之，有甲兵无所陈之。使民复结绳而用之。甘其食，美其服，乐其俗，安其居。哭（邻）国相望，鸡犬之【声相】闻，民至老死不相往来。

信言不美，美言不信。知者不博，博者不知。善者不多，多者不善。圣人无积，既以为人，己俞（愈）有；既以予人矣，己俞（愈）多。故天之道，利而不害；人之道，为而弗争。

天下【皆】胃（谓）我大，大而不宵（肖）。夫唯不宵（肖），故能大。若宵（肖），久矣其细也夫。我恒有三琛（宝），市（持）而琛（宝）之，一曰兹（慈），二曰检（俭），三曰不敢为天下先。夫兹（慈），故能勇；检（俭），敢〈故〉能广；不敢为天下先，故能为成器长。【今】舍其兹（慈），且勇；舍其检（俭），且广；舍其后，且先；则死矣。夫慈（慈），以单（战）则朕（胜），以守则固。天将建之，如以兹（慈）垣之。

故善为士者不武，善单（战）者不怒，善朕（胜）敌者弗与，善用人者为之下。是胃（谓）不争【之】德。是胃（谓）用人，是胃（谓）肥（配）天，古之极也。

用兵又（有）言曰：「吾不敢为主而为客，不敢进寸而退尺。」是胃（谓）行无行，攘无臂，执无兵，乃（扔）无敌。祸莫大于无敌，无敌近○亡吾琛（宝）矣。故抗兵相若，而依（哀）者朕（胜）【矣。】

吾言易知也，易行也；而天下莫之能知也，莫之能行也。夫言又（有）宗，事又（有）君。夫唯无知也，是以不我知，知者希，则我贵矣。是以圣人被褐而褱（怀）玉。

知不知，尚矣，不知知，病矣。是以圣人之不【病】也，以其病病也，是以不病。

民之不畏畏（威），则大畏（威）将至矣，毋伻（狎）其所居，毋猒（厌）其所生。

夫唯弗猒（厌），是以不猒（厌）。是以圣人自知而不自见也，自爱而不自贵也。故去罢（彼）而取此。

勇于敢则杀，勇于不敢则栝（活），【此】两者或利或害。天之所亚（恶），孰知其故？天之道，不单（战）而善朕（胜），不言而善应，弗召而自来，单（战）而善谋。天罔径径，疏而不失。

若民恒且〇不畏死，若何以杀曜（惧）之也？使民恒且畏死，而为畸（奇）者【吾】得而杀之，夫孰敢矣！若民恒且必畏死，则恒又（有）司杀者。夫代司杀者杀，是代大匠斲。夫代大匠斲，则希不伤其手。

人之饥也，以其取食跷（shuì）之多，是以饥。百生（姓）之不治也，以其上之有以为也，【是】以不治。民之轻死也，以其求生之厚也，是以轻死。夫唯无以生为者，是贤贵生。

人之生也柔弱，其死也骾（gěng）信（伸）坚强。万【物草】木之生也柔椊（脆），其死也栋（枯）槁。故曰：「坚强，死之徒也；柔弱，生之徒也。」【是】以兵强则不朕（胜），木强则兢。故强大居下，柔弱居上。

天之道，酉（犹）张弓也，高者印（抑）之，下者举之，有余者云（损）之，不足者【补之。故天之道】云（损）有余而益不足；人之道，云（损）不足而奉又（有）余。夫孰能又（有）余而【有以】奉于天者，唯又（有）道者乎？是以圣人为而弗又（有），成功而弗居也。若此其不欲见贤也。

天下莫柔弱于水，【而攻坚强者莫之能先，】以其无以易之也。水之朕（胜）刚也，弱之朕（胜）强也，天下莫弗知也，而【莫之能行】也。是人圣人之言云，曰：受国之询（诟），是胃（谓）社稷之主。受国之不祥，是胃（谓）天下之王。正言若反。

禾（和）大【怨，必有余怨，安可以】为善？是以圣人执左芥（契）而不以责于人。故又（有）德司芥（契），以无德司勶（彻）。【天道无亲，常与善人。】

《德》三千卌一。

道经

道，可道也，【非恒道也。名，可名也，非】恒名也。无名，万物之始也。有名，万物之母也。故恒无欲也，【以观其妙；】恒又（有）欲也，以观其所噭（qiào）。两者同出，异名同胃（谓）。玄之又玄，众眇（妙）之门。

天下皆知美之为美，亚（恶）已。皆知善，斯不善矣。【有、无之相】生也，难、易之相成也，长、短之相刑（形）也，高、下之相盈也，音、声之相和也，先、后之相隋（随），恒也。是以圣人居无为之事，行不言之教。万物昔（作）而弗始，为而弗侍（恃）也，成功而弗居也。夫唯弗居，是以弗去。

不上贤，使民不争。不贵难得之货，使民不为盗。不见可欲，使民不乱。是以圣人之治也，虚其心，实其腹；弱其志，强其骨。恒使民无知无欲也，使夫知不敢弗为而已，则无不治矣。

道冲，而用之有弗盈也。渊呵佁（似）万物之宗。锉（挫）其兑（锐），解其芬（纷）；和其光，同其尘。湛呵佁（似）或存。吾不知其谁之子也，象帝之先。

天地不仁，以万物为刍狗。圣人不仁，【以】百姓为刍狗。天地之间，其猷（犹）橐籥舆（与）？虚而不淈（屈），动而俞（愈）出。多闻数穷，不若守于中。

浴（谷）神不死，是胃（谓）玄牝。玄牝之门，是胃（谓）天地之根。緜緜呵其若存，用之不堇（勤）。

天长、地久。天地之所以能长且久者，以其不自生也，故能长生。是以圣人退其身而身先，外其身而身先，外其身而身存。不以其无私舆（与）？故能成其私。

上善如水。水善利万物而有争，居众之所亚（恶），故几于道矣。居善地，心善渊，予善天，言善信，正（政）善治，事善能，动善时。夫唯不争，故无尤。植（殖）而盈之，不若其已，揣（揣）而允之，不可长葆也。金玉【盈】室，莫之能守也。贵富而骄，自遗咎也。功遂身退，天之道也。

戴营柏（魄）抱一，能毋离乎？抟（抟）气至柔，能婴儿乎？修除玄监，能毋有疵乎？爱民栝（活）国，能毋以知乎？天门启阖，能为雌乎？明白四达，能毋以知乎？生之，畜之。生而弗有，长而弗宰也，是胃（谓）玄德。卅福（辐）同一毂，当其无有，车之用也，燃（埏（yán））埴而为器，当其无有，埴器之用也。凿户牖，当其无有，室之用也。故有之以为利，无之以为用。

五色使人目盲，驰骋田腊（猎）使人心发狂，难得之货〇使人之行仿（妨）。五味使人之口爽，五音使人之耳【聋】。是以圣人之治也，为腹而不为目。故去彼而取此。

弄（宠）辱若惊，贵大患若身。何胃（谓）弄（宠）辱若惊？弄（宠）之为下也，得之若惊，失之若惊，是胃（谓）弄（宠）辱若惊。何胃

（谓）贵大患若身？吾所以有大患者，为吾有身也。及吾无身，有何患？故贵为身于为天下，若可以橐（託）天下【矣；】爱以身为天下，女可以寄天下矣。

视之而弗见，【命】之曰微。听之而弗闻，命之曰希。○揩（mín）之而弗得，命之曰夷。三者不可至（致）计（诘），故绲而为一。一者，其上不谬，其下不忽。寻寻呵，不可命也，复归于无物。是胃（谓）无状之状，无物之象。是胃（谓）沕（忽）望（恍）。隋（随）而不见其后，迎而不见其首。执今之道，以御今之有。以知古始，是胃（谓）道纪。

古之□为道者，微眇（妙）玄达，深不可志（识）。夫唯不可志（识），故强为之容，曰：「与呵其若冬涉水，猷（犹）呵其若畏四哭（邻），严呵其若客，涣呵其若淩（凌）泽（释），沌呵其若朴，湷（chūn）呵其若浊，莊（zhuàng）呵其若浴（谷）。浊而静之，徐清。女〈安〉以重（动）之，徐生。葆此道【者不】欲盈。是以能獘（敝）而不成。

至虚极也，守其督也。万物旁（并）作，吾以观其复也。天物枟（芸）枟（芸），各复归于其根。曰静。静，是胃（谓）复命。复命，常也，知常，明也。不知常，芒（妄）。芒（妄）作凶。知常容，容乃公，公乃王，【王乃】天，天乃道，道乃。没身不殆。

大上下知又（有）【之，】其【次】亲誉之，其次畏之，其下母（侮）之。信不足，安有不信。猷（犹）呵其贵言也。成功遂事，而百姓胃（谓）我自然。

故大道废，安有仁义。知（智）慧出，安有【大伪。】六亲不和，安又（有）孝兹（慈）。国家闅（昏）乱，安有贞臣。绝圣弃知（智），而民利百倍。绝仁弃义，而民复孝兹（慈）。绝巧弃利，盗贼无有。此三言也，以为文未足，故令之有所属。见素抱朴，少私而寡欲。

绝学无忧。唯与呵，其相去几何？美与亚（恶），其相去何若？人之所畏，亦不可以不畏人。望（恍）呵，共未央才（哉）！众人𤇖（熙）𤇖（熙），若乡（飨）于大牢，而春登台。我博（泊）焉未垗（兆），若婴儿未咳。累呵佁（似）无所归。众人皆又（有）余。我愚人之心也，湷湷呵。鬻（俗）人昭昭，我独若闅（昏）呵。鬻（俗）人察察，我独閩（闵）閩（闵）呵。沕（忽）呵共若海。望（恍）呵若无所止。众人皆有以，我独门元（顽）以鄙。吾欲独异于人，而贵食母。

孔德之容，唯道是从。道之物，唯望（恍）唯沕（忽）。沕（忽）呵望（恍）呵，中又（有）象呵。望（恍）呵沕（忽）呵，中有物呵。幼（窈）呵冥呵，其中有请

（精）呵。其请（精）甚真，其中有信。自今及古，其名不去，以顺众父。吾何以知众父之然也？以此。

炊者不立。自视（示）者不章，自见者不明，自伐者无功，自矜者不长。其在道也，曰：「粽（余）食、赘行。」物或亚（恶）之，故有欲者弗居。

曲则全，汪（枉）则正，洼则盈，嫳（敝）则新，少则得，多则惑。是以圣人执一，以为天下牧。不自视（示）故章，不自见也故明，不自伐故有功，弗矜故能长。夫唯不争，故莫能与之争。古之所胃（谓）曲全者，几语才（哉）？诚全归之。

希言自然。薊（飘）风不冬（终）朝，暴雨不冬（终）日。孰为此？天地，而弗能久，有（又）兄（况）于人乎？故从事而道者同于道，德（得）者同于德（得），失者同于失。同于德（得）者，道亦德（得）之。同于失者，道亦失之。

有物昆（混）成，先天地生。萧（寂）呵漻（寥）呵，独立而不孩（改），可以为天地母。吾未知其名也，字之曰道。吾强为之名曰大。大曰筮（逝），筮（逝）曰远，远曰反。道大，天大，地大，王亦大。国中有四大，而王居一焉。人法地，地法天，天法道，道法自然。

重为轻根，静为趮（躁）君。是以君子冬（终）日行，不远其甾（辎）重，虽有环官（馆），燕处则昭若。若何万乘之王而以身轻于天下？轻则失本，趮（躁）则失君。

善行者无达迹，善言者无瑕适（谪），善数者不用梼（筹）箖（策）。善〇闭者无关籥（闑（yuè））而不可启也。善结者无缧（mò）约而不可解也。是以圣人恒善怵（救）人，而无弃人，物无弃财，是胃（谓）曳明。故善人，善人之师；不善人，善人之资也。不贵其师，不爱其资，虽知（智）乎大迷。是胃（谓）眇（妙）要。

知其雄，守其雌，为天下雞（溪）。为天下雞（溪），恒德不离。恒德不离，复【归于婴儿。知】其白，守其辱，为天下〇浴（谷）。为天下浴（谷），恒德乃足。恒德乃足，复归于朴。知其白，守其黑，为天下式。为天下式，恒德不贷（忒）。恒德不贷（忒），复归于无极。朴散则为器，圣人用则为官长。夫大制无割。

将欲取【天下而为之，吾见其弗】得已。夫天下，神器也，非可为者也。为之者败之，执之者失之。〇物或行或隋（随），或热，或硂，或陪（培）或堕。是以圣人去甚，去大，去诸（奢）。

以道佐人主，不以兵强地天下，其【事好还，师之所处，荆】棘生之。善者果而已矣，毋以取强焉。果而毋骄，果而勿矜，果【而毋】伐，果而毋得已居，是胃（谓）果而强。物壮而老，胃（谓）之不道，不道蚤（早）已。

夫兵者，不祥之器也。物或亚（恶）【之，故有欲者弗居。君】子居则贵左，用兵则贵右，故兵者非君子之器。兵者不祥【之】器也，不得已而用之，铦（tiǎn）忱（zhé）为上，勿美也。若美之，是乐杀人也。夫乐杀人，不可以得志于天下矣。是以吉事【尚左，丧事尚右；】是以偏将军居左，而上将军居右，言以丧礼居之也。杀【人众，以悲哀】立（莅）【之；战】朕（胜）而以丧礼处之。

道恒无名，朴唯（虽）小而天下弗敢臣，侯王若能守之，万物将自宾。天地相合，以俞甘洛（露）。【民莫之】令，而自均焉。始制有名。名亦既有，夫亦将知止，知止所以不殆。卑（譬）【道之】在天下也，猷（犹）小浴（谷）之与江海也。

知人者，知（智）也。自知，明也。朕（胜）人者，有力也。自朕（胜）者，强也。知足者，富也。强行者，有志也。不失其所者，久也。死而不忘者，寿也。

道，沨（汎）呵其可左右也，成功遂【事而】弗名有也。万物归焉而弗为主，则恒无欲也，可名于小。万物归焉而弗为主，可命（名）于大。是以圣人之能成大也，以其不为大也，故能成大。

执大象，天下往。往而不害，安平大。乐与【饵，】过格止。故道之出言也，曰：「淡呵其无味也。视之，不足见也。听之，不足闻也。用之，不可既也。」将欲擒（翕）

之，必古（固）张之。将欲弱之，必古（固）〇强之，将欲去之，必古（固）与之，将欲夺之，必古（固）予【之。】是胃（谓）微明。柔弱朕（胜）强，鱼不可说（脱）于渊，国利器不可以示人。

道恒无名，侯王若能守之，万物将自化。化而欲作，吾将阗（镇）之以无名之朴。阗（镇）之以无名之朴，夫将不辱。不辱以静，天地将自正。

《道》二千四百廿六。

附录二　老子简传

孙以楷

宋国相人

司马迁在《史记、老子列传》中说：「老子者，楚苦县厉乡曲仁里人也。」但是东汉边韶却认为老子「楚相县人」。边韶是陈相，苦属陈，如果不是《史记》所说与事实有悖，又何必重新提出「楚相县人」之说呢？边韶一定是在调查之后发现老子不是他治内的相县人，才重新立说。会不会象许多学者说的那样，「相、苦原是一地，春秋时名曰相，春秋以后名曰苦」呢？不会，因为苦在春秋时已属陈，不称相，经传中都没有苦在春秋时称相的记载。马叙伦说：「相为陈地，不见《春秋》经、传。」

姚鼐在《老子章义序》中说，老子是宋国沛人。马叙伦在《老子考》中说老子是宋之相人。谭戒甫在《二老研究》中亦持相人说。我们认为老子宋国相人说是正确的。姚鼐说：「《庄子》载孔子、阳子朱皆南之沛见老子，夫宋国有老氏，而沛者宋地。」这一段文字，有两点值得注意。第一，姚鼐所据史料《庄子》，庄子是战国中期人，去老子不远，《庄子》之成书也肯定早于《史记》，《庄子》中的这些史料比《史记》更可信。

孔子、阳子朱南之沛见老子，当在老子辞官归家之时，显然老子家在沛，是宋国人。相也是宋地，距沛很近，在秦汉属沛管辖。因此老子是宋国相人，亦可以说老子是宋国沛人。第二，宋有老氏。我国古代聚族而居，世家大族尤其如此。老子任周史官，史官之职非世家贵族莫能任，老子出身贵族世家。春秋末，只有宋国才有老氏大贵族，他们参与宋国的朝政。先秦典籍中不见陈国有老氏的记载。所以，老子应当是宋国相人。

相在何处？春秋时期的相，曾是宋共公的都城。《水经注·睢水》云：「相县，故宋地也……睢水又东迳相县故城南，宋共公之所都也。」《万姓统谱》亦云：「相县，故殷城。」汉代在相县西南有侈亭，即春秋时候的衺。《左传·桓公十五年》载：「公会宋公、卫侯、陈侯于衺。」杜预注云：「衺，宋地，在沛国相县西南。」所以，汉代相县的侈亭在春秋时属宋。侈亭相当今安徽省阜阳市涡阳县北郊丹城集一带。这一带至今有十七个以「相」命名的村庄，如大相、二相、三相。三相之西就是为纪念老子于汉延熹八年建立的天静宫。据方志记载，天静宫所在地就是老子的出生地。

这个地方现在属安徽涡阳，而一个半世纪之前还属于亳州，所以老子也可以说是安徽亳州人。

生于春秋末年

《史记·老子列传》说：「孔子适周，将问礼于老子。」孔子向老子问礼，这是司马迁一再写下的事实。在《孔子世家》中司马迁也记载了南宫敬叔与孔子一起适周见老子问礼之事。儒家自己的著作《礼记·曾子问》记载了四件孔子转述老聃所讲解的周礼之事。在《庄子》中，《天道》、《天运》、《田子方》等篇都讲孔子见老子，《天地》、《知北游》记载了老子与孔子之间的问答。

《史记、老子传》还告诉我们老子西出关时遇到了关尹，关尹与老聃是好朋友。这位关尹是列子的老师，列子与子产同时，老子当然是子产同时代的人。

这些史实都证明，老子生于春秋末年，略早于孔子。

出生于宋国老氏史官世家

根据《大戴礼·帝系》的记载，颛顼娶了滕奔氏的女子女禄为妻，女禄生子名叫老童。老童娶竭水氏女子高娲为妻，高娲生子重黎和吴回。吴回之子名陆终。陆终娶鬼方氏女子女聩为妻，生六子，一曰樊，二曰惠连，三曰篯（又叫彭祖），四曰求言，五曰安，六曰季连。在《世本》和《史记·楚世家》中也世记载了与此相近的说法。老童的曾孙篯被封在彭祖，在唐虞时代受封成为一小国。殷末，彭祖国被灭，老篯的子孙一支逃往楚国，楚有老莱子；一支逃到鲁国，鲁有老祁，他们都失去了贵族身份。其中主要的一支仍留在殷，即相地的老氏家族。微子受封于宋，老氏家族又成为宋国贵族，并世代有人为史官。老子是宋国老氏后代，也就是老篯彭祖国的后裔，故又被人称为「老彭」。同样是宋国贵族后裔的孔子亲切地说：「窃比于我老彭。」

公元前五七六年宋国华氏宗族与桓氏宗族内哄，鱼石奔楚。公元前五七三年夏，楚派兵送鱼石攻入彭城。华喜、老佐率宋军围彭城，老佐战死。老聃之父很可能在这场内乱中去世。公元前五七一年，老聃出生。没有父亲为他取名字，有人根据他的耳朵大，给他取名聃。聃就是耳漫的意思，亦即耳大垂。老聃出生的那一年是庚寅年，亦即虎年，故小名小老虎。当时涡淮之间人们把老虎叫「李耳」，老聃家乡相邑也是如此。据方以智《通雅》：虎「或曰狸儿，转为李耳。」乡里邻居都叫他的小名李耳，时间长了，后来人们就误把他的小名李耳当作大名传之后代。

少年老聃曾向一位主管殷商礼乐之官商容学习，学到了不少礼仪知识和做人的道理。其中最重要也是影响老子的哲学思想最深的一点是：柔弱者生之徒，刚强者死之徒。

任周守藏室史

大约在公元前五五一年前后，亦即孔子出生前后，老聃到周王室任守藏室之史。所谓藏室史，就是周藏书室之史。也有人说老聃入周担任柱下史。其实，柱下史的职责是主管四方文书，文书当然存于藏书室，那么柱下史也就是主管藏书的人。因为他很仰慕西周末年史官伯阳甫的为人和学问，就给自己起了个号叫老阳子，人们尊称他为老子。

他在任守藏室之史期间阅读了大量馆藏的典册，除《尚书》历代文诰、档案资料、诗以外，他还读了《军志》、《建言》、《易》等图书文献。

作为史官，老子还有记录一切官场重大活动的责任。当时，甘氏一族由甘简公掌政，他与族人甘成公、甘景公不和。老聃或许因为记事不遂甘简公之意，被免去史官之职。老聃没有回故乡相，而是朝东来到了鲁国。他在这之前，晋国韩宣子访问鲁国，在鲁国太史氏处看到了《易》、《象》及《鲁春秋》，发出了「周礼尽在鲁」的感叹。可能这是老子去鲁国的原因。

鲁昭公七年（前五三五年），老聃的一位住在巷党的友人去世，他去帮助料理丧事。出葬的那一天，年仅十七岁的孔丘也去了。出葬的队伍正在行进时，突然日食。老聃叫送葬的队伍停止前进，靠右站立，停止哭泣，等日蚀过后再走。送葬归来，孔丘向老聃表示了自己的不同的看法。老聃便解释说：「诸侯往王都朝见天子，都是日出上路，日落前就休息并祭奠车上的先祖牌位。大夫出国访问也是见日出才赶路，日落即休息。送葬也一样，不在日出之前出殡，不在日落天黑后止宿休息。夜晚看到星星出来而赶路的，只有罪犯以及回家奔父母之丧的人。日蚀的时候，你怎么知道天空不出现星星呢？对于懂礼仪的君子来说，是不应该把别人刚去世的亲人置于这样一种星夜出奔的不吉利的境地之中的。所以出葬时如遇日蚀，应该停下来，等日蚀过后再走。」

这是孔丘第一次向老聃问礼。老聃的这一番合乎情理的话，给少年孔丘留下了很深的印象。

鱼昭公十二年（前五三〇年）周王朝甘简公让侄子甘过继承他的爵位，即甘悼公。甘成公、甘景公设法杀了甘悼公。老聃因得罪甘简公一党而丢官，现在甘简公及其侄甘过已死，老聃又回到周守藏室。

几年后，孔丘已经二十多岁，在鲁国已颇有名气。大夫孟僖子在病重之际还特地嘱咐儿子孟懿子一定要拜孔丘为师。孔丘觉得自己对周礼的理论所知还浅，决定和南宫敬叔一起到周王都去向老子学习周礼。公元前五二六年，孔子和南宫敬叔来到周朝王都，拜访了老子，并就许多周礼问题向老子请教。老子虽然一一作了回答，但他此时已对周礼的实质有所认识，他仿佛看到在文质彬彬的礼仪纱幕后面隐藏着丑恶的阴险和巧诈，周礼成了人们谋取名利的手段。他从孔丘的眼神、气质上隐约看出一种骄矜之意和急于从政的劲头。老子诚恳地对孔丘说：「我听说富贵的人赠送给别人钱财，有优良品德的送给别人以良言。我没有钱财，只是勉强被人加了一个仁人的称号，我就给你几句忠言吧。一个人自以为聪明，好议论别人的长短，以为自己的认识深刻，这种人也就接近死亡了。真正聪明的人是不多言，不善辩的，因为他懂得多言多败的道理。一个人自以为真正聪明的人无知无识得好象愚笨无比，因为他懂得多事多患的道理。真正有钱财的商人总是把财富深藏起来而给人以穷困的表象。真正有道德的君子也总是看起来象是傻瓜。希望你去掉身上的骄气与过多的功名欲以及爱自我表现的毛病。总之，无论是做为父母的儿子还是做为国君的臣子，都要做到忘己。即使自己明明是强大的雄者，也要以一种柔雌的姿态出现。」老子的教诲，对孔子影响至深，在他后来的人生道路上，他总是那样谦虚谨慎，这与老子的一席话不无关系。

免官归相

公元前五二〇年，周景王崩逝，子丐之党与王子朝争夺王位，都城的国人立王子猛为王，是为周悼王。当时正逢百工叛变，王子朝借助百工之力作乱，杀了周悼王。周王朝的贵族单子、刘子求助于晋国，晋国出兵，立王子丐为敬王。王子朝也自立为王，敬王无法进入王城，两派打了五年。公元前五一六前，晋侯在诸侯支持下，护送敬王进入王城。王子朝与召氏之族、毛氏得、尹氏固等带了大量的周王室典籍逃奔楚国。

老聃对这一次周王室内部争权斗争抱什么态度，我们无法判定。但王子朝一党掠走大批典籍，老聃自然蒙受失职之责，可能因此免官，回到了故乡宋之相邑。

孔丘问道

老子居相邑期间，孔子曾多次造访，论辩问道。第一次是孔子想藏书于王家图书室，子路建议求老聃引荐。师生一齐来到沛地，求老聃推荐，谁知老子一口回绝。孔丘便以六经的根本在于仁义来说服老子。此时的老子已经有了新的价值观念，视六经如同草芥。老子向孔子指出：人的本性应当是自然，圣人不提倡仁爱，让百姓自作自息。你提倡仁义，目的是求人的本性，实际却是扰乱了人的本性。第二次是在孔子五十岁前后。此时孔子为苦苦探索天道不得而苦闷。他带了学生来到沛地老子居所，向老子问天道。老子首先问孔丘是怎样寻求天道的。孔子回答说，自己先从制度名数寻求，五年未得道，又从阴阳变化入手，十二年未得道。老子告诉他：阴阳之道是不可见、不可闻、不可传的；是通常的智慧不能把握的，因此所谓得道，只能是体道。老子又告诉孔丘，求道关键在于内心觉悟。老子指出，仁义只是先王使用过的旅舍，只供他们在人生途中居住一宿，不可长久居住。孔子听了老子讲道，颇受震动。他对弟子们说：「鸟，我知道它们善飞；鱼，我知道它们善游；兽，我知道它们善奔走。对于善奔走的野兽，可以用网捕捉；对于善游的鱼，可以用钩去钓取；对于善飞的鸟，可以用箭射获。关于龙，我不知道它是怎样上九天的。老聃所讲的道理，就象是龙，合起来成一体，散开来成文彩，乘驾云气而翱翔阴阳之间。」子贡见老师对老聃评价如此之高，心中不服气，便去见老聃，质问老聃如何评价三皇五帝这些圣人。老聃告诉子贡，三皇五帝治天下，开始时还有伦序，到现在却是天下大乱。原因就是他们依仗自己的心智，违反了道。在这次访问的最后阶段，孔丘坚持询问什么是天地间最根本的道。老聃对孔子说：「有形的东西是从无形中生出来的，精神是从大道中生出来的，形质是从精气中产生的，万物是互相产生的。道主宰一切，由于道，天不得不高，地不得不广，日月不得不运行，万物不得不昌盛。」老子关于天地万物生成变化之根本大道的观点也深深地影响了孔丘，帮助孔丘克服了传统的有神论和天命观。孔子曾向学生感慨：「天何言哉！四时行焉，百物生焉，天何言哉！」后来，子夏向孔子陈述他听到的关于「天一、地二、人三」以及「至阴主牝，至阳主牡」之类的万物生成论，孔子也说自己过去从老聃处也听说过。可见，老聃不仅向孔丘讲述生物以形相生的道理，而且还讲了道生一、一生二、二生三、三生万物这一万物生成论的根本观点。孔子最后一次访问老子，是在他周游列国到处碰壁之时。他到沛地向老子倾诉自己的仁义学说不被人们接受。老子告诉孔子，所谓

《诗》、《书》、《礼》、《乐》、《易》等典籍，只是先王留下的足迹。足迹并不是鞋子。因此一定要把握大道。

讲道授业

老子在相邑隐居期间，秦国人逢氏，鲁国叔山无趾、崔瞿、士成绮先后来向老子求教。但是只有杨朱、柏矩、庚桑楚三人是他的弟子。柏矩是一位对现实十分不满并具正义感的人。他从学老子数年，后游历齐国，愤怒地揭露了统治者对人民的压迫，在对旧制度的批判方面，柏矩不愧是老子的好学生。

老聃的另一位弟子是杨朱。他是秦国人，家中有一定资财。他热心于功名，头脑清楚。因歧路亡羊的教训，想从纷杂歧异的各派学术中寻求道之根本，于是到沛地拜老子为师。杨朱见到老聃，不客气地隐约以明王自居。老子指出真正的明王功绩遍天下却好象与己不相干，教化施及万物而人民并不觉得有赖于他，明王一切顺乎自然。杨朱从老子那里主要继承了全性葆真的思想。但他的建功立业的愿望始终很强烈。后来他离开老聃前往齐鲁。

老子的第三位弟子是庚桑楚，他是陈国人。他对老子的思想可能领会很深，在陈国很有名气。陈大夫出使鲁国，叔孙氏向陈大夫说：「鲁国有圣人名孔丘。」陈大夫当即回答说：「陈国也有一位圣人。」这位圣人就是老聃之弟子亢仓子。（即庚桑楚。庚桑楚因此被聘至鲁国，并向鲁侯介绍了老子的直觉认识学说。后来他住在鲁国的畏垒山，实行老子的无为而治。连年丰收，人民安居。

撰写道德经，隐居秦地

周王朝形同傀儡，诸侯争战愈演愈烈，老子家乡相邑是楚、齐、吴争夺之地，战火连年，不得安宁。老聃遂骑着青牛向秦国去，并约杨朱（秦人）在梁国国都之郊会面。

在西去的路上，有一位文子求见问道，老子收他为弟子。老子对他说：「自然造物开始之时，只有阴阳混沌一气，一切造化都是阴阳所变……阴阳变化是有一定秩序的，其中存在一定之数。」文子继承发展老子的唯物主义观点，又吸收其他各家理论长处，开战国黄老学之先河。王充把老子比为天，把文子比为地，给予文子以很高的评价。

在西去的路上，老子遇到了好友关尹。关尹长期住在郑国，有一弟子名列御寇。老子与关尹共同建立了常无与常有统一的学说，把一切归本于最高的太一，以柔弱谦下为处事的范式，以空虚不排斥万物为实质。老子向关尹讲了要去秦隐居的打算，关尹则劝老子把毕生的学术观点写下来。终于，老聃写出了五千言，分上下篇。上篇以「道可道」起首，被后人称为「道篇」；下篇以「上德不德」起首，被后人称为「德篇」，合称《道德经》。

老子入秦隐居于扶风一带。在这里，他可能收了一位名叫南伯子綦的弟子。

老子死于扶风，人们络绎不绝地来吊唁，其中有他的同道好友秦佚。老子曾在槐里讲学，那里的百姓怀念他，要求把老子葬于槐里，得到扶风百姓的同意。

老子的儿子名宗，没有随父入秦，以后成为魏国将领，被封在段干。宗的儿子名注，注的儿子名宫，宫的远孙名假。假在汉文帝时为官。假的儿子解是胶西王刘卬的太傅。

庄子在写完老聃之死一段文字后，写下一段含义深刻的话：「蜡烛和柴薪的燃烧是有穷尽的，火却传承下去，永远没有穷尽的时候。」

老聃逝去已经两千多年了，他的学说却经过文子、列子、杨朱、庄子、黄老道家、刘安以及历史上众多的道家学者传承下来，对我国古代哲学、政治学、伦理学、军事学、文学艺术、自然科学都产生了极为重大的影响，并以新的形态与现代文化相结合，绵延不绝，永无穷尽！

(皖)新登字 05 号

责任编辑·楚　葵
装帧设计·班　古
责任校对·山　风

安徽古籍丛书　(第十三辑)

老　子　注　译
孙以楷　杨应芹　注译
安徽省古籍整理出版规划委员会 编
安 徽 古 籍 丛 书 编 审 委 员 会
黄山书社出版(合肥市金寨路 381 号)　安徽省新华书店经销
合肥劲松激光照排社排版　安徽星火印刷厂印刷
开本:850×1168　1/32　印张:6.5　字数:110,000
1996 年 11 月第 1 版　1996 年 11 月第一次印刷
印数:0001—3,000

ISBN—80630—096—1/Z·11　定价:7.70 元

《安徽古籍叢書萃編》書目

定本莊子故
康輶紀行　東槎紀略
北山樓集
疑庵詩
方望溪遺集
識小録　寸陰叢録
東萊詩詞集
明太祖集
王侍郎奏議
朱楓林集
敬孚類稿
施愚山集（全四册）
吴敬梓吴烺詩文合集
張孝祥詞箋校
竇山公家議校注
翠微南征録北征録合集
阮大鋮戲曲四種
老子注三種

杜詩説
朱書集
論語解注合編
郭祥正集
皖人詩話八種
續學堂詩文鈔
唐詩評三種（上下）
鈍齋詩選
老子注譯
莊子詮詁
説文假借義證（全五册）
劉銘傳文集
包世臣全集（全三册）
田間易學
莊屈合詁
田間詩集
田間文集
古事比（上下）
安徽出土金文訂補

道聽途説
蘭茗館外史
青泥蓮花記
秋崖詩詞校注
舌華録
明語林
夜雨秋燈録（上下）
包拯集校注
毛詩後箋（上中下）
壹齋集（上下）
孟子講義
楊仁山全集
不得已（附二種）
歙事閒譚（上下）
惜抱軒詩集訓纂
張孝祥詩文集
吴汝綸全集（全六册）
青溪集
藏山閣集

田間詩學（上下）
俞正燮全集（全三册）
皖人戲曲選刊　鄭之珍卷
詠懷堂詩集
所知録
文選箋證（上下）
七頌堂集
程瑶田全集（全四册）